# BEI GRIN MACHT SICH IHR WISSEN BEZAHLT

- Wir veröffentlichen Ihre Hausarbeit, Bachelor- und Masterarbeit

- Ihr eigenes eBook und Buch - weltweit in allen wichtigen Shops

- Verdienen Sie an jedem Verkauf

Jetzt bei www.GRIN.com hochladen und kostenlos publizieren

Marc Brüninghaus

**Vom Geächteten zum Partner - Der Wandel in den Beziehungen zwischen Spanien und den USA sowie Großbritannien 1945-1953**

GRIN Verlag

**Bibliografische Information der Deutschen Nationalbibliothek:**

Die Deutsche Bibliothek verzeichnet diese Publikation in der Deutschen Nationalbibliografie; detaillierte bibliografische Daten sind im Internet über http://dnb.d-nb.de/ abrufbar.

Dieses Werk sowie alle darin enthaltenen einzelnen Beiträge und Abbildungen sind urheberrechtlich geschützt. Jede Verwertung, die nicht ausdrücklich vom Urheberrechtsschutz zugelassen ist, bedarf der vorherigen Zustimmung des Verlages. Das gilt insbesondere für Vervielfältigungen, Bearbeitungen, Übersetzungen, Mikroverfilmungen, Auswertungen durch Datenbanken und für die Einspeicherung und Verarbeitung in elektronische Systeme. Alle Rechte, auch die des auszugsweisen Nachdrucks, der fotomechanischen Wiedergabe (einschließlich Mikrokopie) sowie der Auswertung durch Datenbanken oder ähnliche Einrichtungen, vorbehalten.

**Impressum:**

Copyright © 2006 GRIN Verlag GmbH
Druck und Bindung: Books on Demand GmbH, Norderstedt Germany
ISBN: 978-3-638-95336-8

**Dieses Buch bei GRIN:**

http://www.grin.com/de/e-book/63622/vom-geaechteten-zum-partner-der-wandel-in-den-beziehungen-zwischen-spanien

**GRIN - Your knowledge has value**

Der GRIN Verlag publiziert seit 1998 wissenschaftliche Arbeiten von Studenten, Hochschullehrern und anderen Akademikern als eBook und gedrucktes Buch. Die Verlagswebsite www.grin.com ist die ideale Plattform zur Veröffentlichung von Hausarbeiten, Abschlussarbeiten, wissenschaftlichen Aufsätzen, Dissertationen und Fachbüchern.

**Besuchen Sie uns im Internet:**

http://www.grin.com/

http://www.facebook.com/grincom

http://www.twitter.com/grin_com

Marc Brüninghaus

## VOM GEÄCHTETEN ZUM PARTNER
Der Wandel in den Beziehungen zwischen Spanien und den USA sowie Großbritannien 1945-1953

# INHALTSVERZEICHNIS

| | |
|---|---|
| EINLEITUNG | 4 |
| 2. DIE SITUATION AM ENDE DES ZWEITEN WELTKRIEGES | 6 |
| 3. DIE ÄCHTUNG | 10 |
| 3.1 Die Spanienpolitik der USA | 15 |
| 3.2 Die Spanienpolitik Großbritanniens | 19 |
| 4. DIE ZEIT DER ANNÄHERUNG | 25 |
| 4.1 Annäherung zwischen den USA und Spanien | 28 |
| 4.2 Annäherung zwischen Großbritannien und Spanien | 33 |
| 5. DIE KONSOLIDIERUNG DER ZWISCHENSTAATLICHEN BEZIEHUNGEN | 37 |
| 5.1 Die Madrider Verträge zwischen den USA und Spanien 1953 | 39 |
| 5.2 Das Verhältnis zwischen Großbritannien und Spanien im Schatten der Madrider Verträge | 47 |
| 6. ZUSAMMENFASSUNG / SCHLUSS | 49 |
| 7 LITERATURVERZEICHNIS | 51 |

# EINLEITUNG

Spanien ist den meisten Bundesbürgern heute als lieb gewonnenes Urlaubsland im Gedächtnis. Über seine Geschichte, sowohl die ältere als auch die jüngere, wissen die wenigsten wirklich Bescheid. Allgemein bekannt ist, dass Spanien Mitglied der Europäischen Union und genauso demokratisch ist wie deren andere Mitgliedstaaten und dass Spanien einen König hat. Dass das heutige Spanien aber erst seit knapp 30 Jahren der Staat, ist den wir heute kennen, wissen nur wenige. Zwar dürfte den älteren Mitbürgern der Name Franco noch etwas sagen und auch im Geschichtsunterricht haben ihn wohl die meisten schon einmal gehört. Aber ein detailliertes Wissen über sein Regime haben wohl die wenigsten. Wenn manchen die Verbindungen zwischen Franco und den Achsenmächten während des spanischen Bürgerkrieges zumindest in groben Zügen geläufig sind, ist die Rolle Spaniens im Zweiten Weltkrieg vielen unbekannt. Und über die Rolle, die Spanien in der Nachkriegszeit spielte, wissen nur wenige genaues. Auch mir war das meiste, was über das Allgemeinwissen hinausgeht, bis zur Beschäftigung mit dieser Thematik unbekannt.

Umso interessanter fand ich die Darstellung der spanischen Geschichte in der Kurseinheit „Spanien 1939-1953, Faschismus, Autarkie, Repression", und mich beschäftigte die Frage, wie es dazu kommen konnte, dass ein Land innerhalb von ungefähr 15 Jahren seine außenpolitische Ausrichtung komplett änderte und sich den wechselnden internationalen Bedingungen anpasste, ohne dabei seine Staatsform und vor allem die Staatsführung zu ändern. Gleichermaßen interessant ist es zu betrachten, wie der Rest der Welt, in erster Linie die Vereinigten Staaten und Großbritannien, Spanien gegenüberstand und Stellung gegenüber Franco bezog.

Wie konnte es dazu kommen, dass Spanien zwischen 1945 und 1953 vom Geächteten zum Partner der Weltmacht USA und ihrem wichtigsten Verbündete Großbritannien werden konnte? Wer war die treibende Kraft bei diesem Wandel in den internationalen Beziehungen? Warum dauerte es acht Jahre bis zur Unterzeichnung der Madrider Verträge? Diesen Fragen möchte ich unter anderen in der Hausarbeit nachgehen, wobei ich in der Darstellung der Entwicklung chronologisch vorgehe, vom Ende des Zweiten Weltkrieges bis zur Unterzeichnung der Madrider Verträge im September 1953. Auch wenn die Beziehungen zwischen den USA und Spanien sowie Großbritannien und Spanien jeweils gesondert dargestellt werden, waren diese eng miteinander verknüpft, und eine klare Trennlinie lässt sich nicht immer ziehen, da zum Beispiel das außenpolitische Handeln eines Staates die Reaktion auf das Handeln des anderen darstellt. Dennoch wird sicherlich deutlich, dass die USA und Großbritannien trotz ihrer intensiven Beziehungen in Bezug auf

Franco-Spanien nicht immer an einem Strang zogen. Wie es trotz Differenzen, aber auch durch Übereinkünfte und politisches Taktieren zwischen allen beteiligten Staaten dazu kam, dass Spanien ab 1953 nicht länger als Geächteter sondern als Partner galt, das möchte ich in der vorliegenden Hausarbeit verdeutlichen.

## 2. DIE SITUATION AM ENDE DES ZWEITEN WELTKRIEGES

Während des Zweiten Weltkrieges war weder die Außenpolitik Spaniens noch die angloamerikanische Außenpolitik geradlinig. Zwar hatte sich Spanien während des Krieges mehr oder weniger nah und offensichtlich auf die Seite der Achsenmächte geschlagen, auch wenn es sich während des gesamten Krieges offiziell als neutral bzw. „nicht kriegführend" bezeichnete. Kurz vor der Kapitulation Frankreichs erklärte Franco, dass Spanien nicht neutral, sondern „nicht kriegführend" sei, was bedeuten sollte, dass Spanien nicht in den Kampf eingreife, aber auch nicht isoliert neben den Geschehnissen her lebe, ohne diese zur Kenntnis zu nehmen. Obwohl die spanische Politik rein spanischen Interessen folge, vergesse man nicht die erbrachten Freundschaftsbeweise durch Deutschland und Italien und stehe diesen beiden Ländern äußerst wohlwollend gegenüber, man sehe aber dennoch die realistischen Gegebenheiten, die eine Kriegsteilnahme unmöglich machten, so Franco.[1]

Neben dieser Nähe zur Achse erwartete und benötigte Franco aber von den Westalliierten die Lieferung von Getreide und Öl, um wenigstens die Versorgung der Bevölkerung mit Lebensmitteln gewährleisten zu können. Aus diesem Grunde konnte sich Franco eine Kriegserklärung an die Westalliierten ebenfalls nicht erlauben. Gleichermaßen ziellos verlief die Politik der Westalliierten, die Francos Nähe zur Achse sahen, dennoch aber die Lieferungen nie vollständig und für lange Dauer aussetzten, von einem kurzen US-Ölembargo von Februar 1944 bis Juni 1944 einmal abgesehen, das dazu dienen sollte, Spanien zum Abbruch der Wolframlieferungen an das deutsche Reich zu bewegen. Die USA waren selber sehr an den spanischen Wolframexporten interessiert, obwohl sie für ihre Kriegswirtschaft nicht darauf angewiesen waren. Sie wollten jedoch Spanien das Wolfram zu einem weit höheren Preis abkaufen, als das Deutsche Reich dazu in der Lage war, um dieses von der spanischen Rohstoffzufuhr abzuschneiden.[2]

Dennoch ließ Franco immer wieder Sympathien für Hitler und das Deutsche Reich erkennen, wobei die Gründe dafür vielfältig waren: Die Ähnlichkeit der politischen Systeme und Ansichten sowie Identifikation mit den Kriegszielen, insbesondere dem Kampf gegen den Kommunismus, Dankbarkeit für die Unterstützung im Bürgerkrieg und Hoffnung auf Beute im Falle eines Sieges der Achsenmächte. Letztendlich trat Spanien aber, von der blauen Division an der Ostfront, einer Einheit aus spanischen Freiwilligen,

---

[1] Bernecker, Walther L. 1984: 81
[2] Ruhl, Klaus-Jörg 1975: 241

einmal abgesehen, nicht in den Krieg ein.³ Dennoch sollte Franco seine unverhohlene Bewunderung der Achsenmächte zum Nachteil werden und nach dem Krieg als Hemmschuh für die außenpolitische Entfaltung Spaniens wirken.⁴

Spanien aus dem Krieg herauszuhalten war seit Kriegsbeginn auch das Bestreben der USA und Großbritanniens gewesen⁵, da es auf Grund seiner geographischen Lage den Achsenmächten einen erheblichen Vorteil, nämlich die Kontrolle des Zugangs zum Mittelmeer, gewährt hätte. Außerdem fürchtete Großbritannien um seine Kronkolonie Gibraltar.

Als das Ende des Krieges absehbar wurde, begann man in London und Washington sich vor einer Massenflucht von Nationalsozialisten aus Deutschland nach Spanien zu fürchten, da angenommen wurde, dass diese von dort entweder nach Südamerika fliehen könnten oder sich in Spanien eine Kolonie von Nationalsozialisten bildet, die dort Ressourcen sammelt, um später den Kampf gegen die Alliierten fortführen zu können, eine Art „Fünfte Kolonne". Um das Schlupfloch Spanien zu schließen, unternahmen die USA und Großbritannien ab dem Spätsommer 1944 schließlich große Anstrengungen, alle von Spanien abgehenden Schiffe auf fliehende Nazis zu durchsuchen. Die Spanier akzeptierten zähneknirschend dieses Vorgehen, das sowohl einen erheblichen Aufwand für die spanischen Behörden als auch wirtschaftliche Verluste für die Schiffsbetreiber bedeutete, da Spanien nun gegen Ende des Krieges und mit der absehbaren Niederlage der Achsenmächte sehr an guten Beziehungen zu London und Washington interessiert war. Aus demselben Grund hatte Spanien auch offiziell kein Interesse daran, deutschen Kriegsverbrechern Asyl zu gewähren, wobei sich das Interesse an guten Beziehungen nicht alleine auf Großbritannien und die USA beschränkte, sondern für alle westlichen Mächte galt.⁶

Der „gute Wille" Spaniens zeigte sich, als nach zähen Verhandlungen schließlich Pierre Laval, zeitweise Premierminister der Vichy-Regierung in Frankreich, im Juli 1945 nach seiner Flucht nach Spanien an Frankreich ausgeliefert wurde. Da sich mit der Auslieferung aber weder die Beziehungen zu Frankreich und das allgemeine Ansehen Spaniens in der Welt verbesserten, war Spanien im Fall des belgischen Kollaborateurs und Kriegsverbrechers Léon Degrelle weniger hilfsbereit, auch wenn es auch diesen Kriegsverbrecher am liebsten losgeworden wäre. Er sollte offiziell zwar das Land

---

[3] Collado, Seiler, Carlos 2001:35ff
[4] Waldmann, Peter/Bernecker, Walther L./ López-Casero, Francisco (Hrsg.) 1984: 266
[5] Collado Seidel, Carlos 20101: 13
[6] Collado Seidel, Carlos 2001: 35ff

verlassen, tauchte aber unter und baute sich unter einem anderen Namen eine neue Existenz in Spanien auf. Spanien sah in der Frage der Auslieferung der Kriegsverbrecher einen Joker, den es ins Spiel bringen wollte, um der Welt zu zeigen, dass sich das Regime vom Faschismus distanzierte; dies allerdings zu den Bedingungen Spaniens und nicht um jeden Preis. Eine Vorstellung Spaniens war es zum Beispiel, dass die Auslieferung Degrelles mit der Wiederaufnahme diplomatischer Beziehungen zwischen Belgien und Spanien verknüpft werden sollte. Oft scheiterte eine Einigung in den Debatten um Laval und Degrelle, deren Fälle hier nur beispielhaft und stark verkürzt dargestellt werden, nach zähen Verhandlungen immer kurz vor einer Einigung. Auch Großbritannien war nicht in jeder Hinsicht kooperativ. Es herrschte Schadenfreude vor, dass Franco nun auch noch das Problem der Kriegsverbrecher hatte, die bei ihm Unterschlupf suchten.[7]

Ein weiterer Punkt, in dem Spanien seine Abgrenzung zum Faschismus darstellen konnte, war die zunehmende Identifizierung mit der christlich-katholischen Tradition Spaniens. Zwar machte Franco bereits seit seinem Sieg im Bürgerkrieg 1939 deutlich, dass er sich als christlicher Herrscher sah, indem er sich „Caudillo von Gottes Gnaden" nannte[8], aber das faschistische Element in seiner Bewegung, die Falange, war anfänglich noch sehr bedeutend. Das Unterstreichen der christlich-konservativen Wurzeln seines Regimes konnte für Francos Ansehen in der Welt nur nützlich sein. Der Katholizismus musste schließlich auch als Beweis dafür herhalten, dass Franco nie mit den Achsenmächten verbündet gewesen sei, da er sich nicht mit Nationen verbünden könne, die nicht auf den Wurzeln des Katholizismus ruhen. Diese Äußerung gegenüber dem Chef des Auslandsdienstes von United Press tat er freilich erst am 04. November 1944, als selbst für den den Achsenmächten wohlgesonnenen Franco der Ausgang des Krieges nicht mehr in Frage stand.

Im Zuge der weiteren Kontakte zu den USA und Großbritannien sollte der Antikommunismus Francos eine Schlüsselrolle spielen, gepaart mit dem Katholizismus ließ sich so sogar die Entsendung der „Blauen Division" an die Ostfront erklären, die mit der Notwendigkeit begründet wurde, das „christliche Europa" vor dem „asiatischen Kommunismus" verteidigen zu müssen.

Innerhalb Spaniens wurde die Presse angewiesen, den „neuen Realismus" propagandistisch zu verbreiten, und es kam auch zu antideutschen Zeitungsartikeln.[9] Dieser neue Kurs stieß nicht überall in Spanien auf Zustimmung, aber die von militanten Falangisten angezettelten

---

[7] Collado Seidel, Carlos 2001: 47ff
[8] Carr, Raymond 1980: 155
[9] Ruhl, Klaus-Jörg 1975: 244

Unruhen stellten keine Gefahr für Franco dar, und Franco entledigte sich schnell seiner Widersacher. Mit einer nach innen gesicherten Position und der neuen außenpolitischen Anpassung konnte Franco nun dem Kriegsende und dem Untergang der Regime, die ihm zur Macht geholfen hatten, entgegensehen.

Die internationale Meinung gegenüber dem Franco-Regime war durch die negative Haltung der US-Amerikaner geprägt, die gegen die Aufrechterhaltung diplomatischer Beziehungen zum Franco-Regime protestierten. US-Präsident Roosevelt zeigte in einem Brief an den US-Botschafter in Madrid auf, dass nach dem Krieg die USA den Widerstand der Spanier gegen Franco unterstützen werden, da für ein Regime, das auf faschistischen Prinzipien beruhe und mit Hilfe faschistischer Regime an die Macht gekommen ist, kein Platz sei. Allein das Spanische Volk habe das Recht eine Regierungsform und eine Richtung der Politik zu wählen.[10]

---

[10] Bernecker, Walter L. 1989: 116f

## 3. DIE ÄCHTUNG

Mit dem Ende des Zweiten Weltkrieges in Europa im Mai 1945 stand Spanien isoliert von der internationalen Gemeinschaft da. Zwar unterhielten die meisten Staaten diplomatische Beziehungen zu Spanien und hatten Botschafter in Madrid akkreditiert, aber das allgemeine Klima war kühl. Besonders bei den Bevölkerungen der durch die Alliierten befreiten Länder in Europa, aber auch bei den Amerikanern war Francos Regime diskreditiert, weil es als letztes Bollwerk des ansonsten erfolgreich bekämpften Faschismus angesehen wurde. Die Ablehnung der westlichen Demokratien gegenüber Franco-Spanien mündete schließlich in der so genannten „Ächtung Spaniens". Diese altertümlich anmutende Bezeichnung ist in der Fachliteratur der am häufigsten verwendete Begriff für die Zeit der internationalen Isolation Spaniens.

Als ein Startpunkt der Ächtung Spaniens kann die Konferenz von San Francisco im Juni 1945 betrachtet werden, bei der 50 Nationen die Charta der Vereinten Nationen unterzeichneten. Mexiko stellte bei dieser Konferenz die Forderung auf, dass diejenigen Staaten nicht in die neu zu gründenden Vereinten Nationen aufgenommen werden dürften, in denen Regime sich auf Militärs stützten, die während des Krieges gegen Staaten der Anti-Hitler Koalition gekämpft hatten. Spanien wurde daraufhin der Zugang zur UNO untersagt. Dies wurde von den Westalliierten auf der Potsdamer Konferenz im Juli 1945 noch einmal unterstrichen.

Einen völligen Bruch mit Spanien wollte man aber nicht vollziehen, auch wenn Frankreich im Dezember 1945 den Versuch unternahm, in Absprache mit den USA und Großbritannien jegliche wirtschaftlichen und politischen Beziehungen zu Spanien sofort abzubrechen und gleichzeitig die Opposition in Spanien sowie die spanisch-republikanische Exilregierung zu stärken.

Im Februar 1946 empfahlen die Vereinten Nationen ihren Mitgliedern, sich von Spanien zu distanzieren; Frankreich schloss die Grenze zu Spanien, was Spanien als Reaktion auf Frankreichs Ankündigung bereits einige Tage zuvor getan hatte[11], und verkündete, alle Handelsbeziehungen zu Spanien abzubrechen. Die geschlossene Grenze bedeutete für Spanien ein sehr großes Hindernis, da alle Verbindungen zum übrigen Teil von Europa nun nur noch auf dem See- oder Luftweg aufrechterhalten werden konnten. Im Juni schlug schließlich der UN-Sicherheitsrat der Vollversammlung vor, die Mitgliedstaaten zum Abbruch der diplomatischen Beziehungen zu Spanien zu bewegen, da Spanien eine

---

[11] Whitaker, Arthur P. 1961. 26

potentielle Gefährdung des Weltfriedens darstelle. Spanien wurde als faschistischer Staat klassifiziert und eine Mitgliedschaft in den Vereinten Nationen wurde erst nach einer umfassenden Demokratisierung in Aussicht gestellt. Zwangsmaßnahmen gegenüber Spanien wurden vom Sicherheitsrat der Vollversammlung jedoch nicht empfohlen, da von Seiten Spaniens bis zu diesem Zeitpunkt keine Aggression ausgegangen war. Die Auseinandersetzung der UN mit Franco-Spanien endete vorerst im Dezember 1946 damit, dass den Mitgliedstaaten empfohlen wurde, die Botschafter aus Madrid abzuziehen, die diplomatischen Beziehungen aber dennoch aufrecht zu erhalten. Die vorangegangenen Diskussionen wurden in erster Linie von kommunistischen Ländern initiiert und unterstützt.[12] In Madrid verblieben nur noch die Botschafter Portugals, Argentiniens, des Vaticans[13] sowie der Schweiz, die abgezogenen Botschafter wurden durch Chargés d´affaires ersetzt.[14] Der Abzug der Botschafter aus Madrid galt auch als sichtbares Zeichen der internationalen Isolation Spaniens und stellte deren Höhepunkt dar.[15] Zunächst wurden die Botschafter nur für ein Jahr abgezogen, während dessen Franco grundlegende Demokratisierungen durchführen sollte. Erst dann sollte über die Verlängerung des Abzuges oder neue Sanktionen beraten werden.[16] Der Abzug der Botschafter stellte ausschließlich eine diplomatische Maßnahme dar, Sanktionen wirtschaftlicher oder militärischer Art folgten für Spanien nicht. Im Gegenzug berief auch Spanien seine Botschafter aus den Ländern zurück, die ihre Botschafter aus Spanien zurückgerufen hatten. Die spanischen Botschaften blieben ansonsten aber voll funktionstüchtig. Franco selber sah in der Entscheidung der Vereinten Nationen ein Zeichen dafür, dass der Rest der Welt nicht mehr mit der Wiederherstellung der Republik rechnete und die republikanische Exilregierung somit auch nicht mehr unterstützen würde.[17]

Innerhalb Spaniens blieben die Versuche, Franco zu entmachten, nicht unbeachtet, sie hatten aber nicht die Auswirkungen, die man sich seitens der demokratischen Welt erhofft hatte, nämlich die Position Francos zu schwächen. Während der Verhandlungen vor den Vereinten Nationen, wie mit Spanien zu verfahren sei, war Franco nicht untätig geblieben und hatte einige nach außen wirksame Veränderungen vorgenommen: 1945 erließ er das „Grundgesetz der Spanier" sowie das „Gesetz über den Volksentscheid", um seinem Regime damit einen demokratischen Anstrich zu verpassen und nach außen hin sein

---

[12] Balfour, Sebastian/Preston, Paul (Hrsg.) 1999: 231
[13] Bernecker, Walter L. 1989: 117ff
[14] Martin, Claude 1995: 231
[15] Collado Seidel, Carlos 2001: 56
[16] Balfour, Sebastian/Preston, Paul (Hrsg.) 1999: 219
[17] Preston, Paul 1995: 56f

Wohlwollen zu zeigen, die Verhältnisse in seinem Land in Richtung Demokratie zu ändern. Das „Grundgesetz der Spanier" garantierte allen Spaniern bestimmte Grundrechte, die allerdings nur für den galten, der die Grundprinzipien des Staates achtete. Außerdem verpflichtete es jeden Bürger zur Treue dem Staatschef gegenüber und enthielt Regelungen, die es der Regierung sehr leicht machten, die Grundrechte außer Kraft zu setzen. Das „Gesetz über den Volksentscheid" legte fest, dass jedes Gesetz, je nach Bedeutung oder öffentlichem Interesse von den Cortes, Francos Scheinparlament, dem Volk zum Volksentscheid vorgelegt werden konnte. Die Entscheidung, bei welchem Gesetz so verfahren wurde, lag allerdings allein beim Caudillo. Neben diesen beiden Gesetzen kündigte er ein neues Pressegesetz an, das die spanische Presse von jeder Aufsicht befreien würde.[18] Als weitere populäre Maßnahmen wurden zahlreiche, aber längst nicht alle, politische Häftlinge entlassen, und den politischen Einfluss der Falange und mit ihr faschistische Symbole, besonders augenfällig war die Abschaffung des faschistischen Grußes, drängte er zurück, um wie schon während Ende des Krieges die katholischen Elemente seines Regimes stärker herauszuheben. An die Vereinten Nationen wurde eine spanische Protestnote gesendet, in der die Sowjetunion als treibende Kraft hinter den Sanktionen gegen Spanien beschuldigt wurde. Außerdem wurde darin betont, dass Spanien lieber vom Rest der Welt isoliert sei, als seine Souveränität abzugeben.[19] Zu guter Letzt setzte er den streng katholischen aber unerfahrenen Alberto Martín Artajo als Außenminister ein. Ihn ließ er in dem Glauben, zu gegebener Zeit Platz für Don Juan und die Monarchie zu machen. Don Juan war der liberal eingestellte Sohn von Alfons XIII., der von 1886 bis 1931 König war, bis die zweite Republik errichtet wurde. Wegen seinem Bekenntnis zu einer liberalen Monarchie war er Franco suspekt. Artajo wurde es auch überlassen, Großbritannien und die USA davon zu überzeugen, sowie davon, dass die internationalen Bedingungen gelockert werden müssten, da nur dies einen geordneten Übergang zur Monarchie gewährleiste.[20]

Entgegen den Erwartungen wurde Franco durch die internationale Ächtung innenpolitisch nicht geschwächt, die internationalen Maßnahmen stärkten ihn sogar, sie lieferten ihm glänzende Vorlagen für seine Propaganda, die die Maßnahmen der UN als bolschewistische Propaganda geißelte. In Spanien kam es zu Massenkundgebungen, auf denen die Spanier ihre Solidarität mit dem Caudillo zum Ausdruck brachten, und es kam in weiten Kreisen

---

[18] Bernecker, Walter L. 1989: 64ff
[19] Bernecker, Walter L. 1989: 122ff
[20] Balfour, Sebastian/Preston, Paul (Hrsg.) 1999: 217

der Spanier, die Franco bis dahin skeptisch gegenüber gestanden hatten, zur Solidarisierung mit dem System gegen den äußeren „Feind".[21]

Ins Reich der Legende gehört jedoch, dass zu dieser Zeit ganz Spanien geschlossen hinter Franco stand, und die Versuche, ihn durch die Ächtung zu entmachten, auch den letzten seiner Gegner in seine Arme trieben. Dieser Mythos, dass Spanien zwar innerlich zerrissen sein mag, gegen einen äußeren „Feind" aber immer feste zusammenhält, weil es dem spanischen Stolz entspreche, sich nicht bevormunden zu lassen, wurde und wird gerne von Franco-Anhängern verbreitet. Aber auch während der internationalen Ächtung Francos gab es noch genügend Franco-Gegner, wenn sie auch nicht mehr so offen in Erscheinung traten. Auch die Pro-Franco Demonstrationen müssen vorsichtig betrachtet werden, war es doch für Franco ein Leichtes, Massendemonstrationen, für welchen Zweck auch immer, auf die Beine zu stellen. Dennoch gaben die Internationalen Äußerungen über Spanien, insbesondere aber die Attacken der Sowjetunion, Franco gute Vorlagen, die er propagandistisch ausschlachten konnte.[22]

So konnte er sich in einer langen Tradition des spanischen Kampfes gegen einen übermächtigen Feind darstellen, indem er die internationale Ächtung mit dem Kampf der Spanier gegen die Römer, die Mauren und gegen Napoleon verglich. Außerdem verfasste er unter dem Pseudonym „Jakim Boor" Propagandaschriften gegen den Generalsekretär der Vereinten Nationen und den Präsident der Generalversammlung, in denen er sie als Freimaurer und Marionetten der Sowjetunion bezeichnete.[23] Dass der amerikanische Präsident Truman ebenfalls Freimaurer war, war für Francos Propaganda ebenso eine gute Vorlage, so konnte diese gegen alles vermeintlich Antichristliche wie die Freimaurerei und den Kommunismus wettern und Franco als einen der letzten Verteidiger der christlichen Werte darstellen. Franco setzte die Freimaurerei gleich mit der von ihm verhassten liberalen Demokratie und beschuldigte sie gemeinsam mit dem Kommunismus, eine Verschwörung gegen Spanien zu führen, um dieses zu zerstören.[24]

Gestärkt wurde Franco durch die Isolation bei Kritikern in seinem eigenen Lager, da diesen bewusst wurde, dass ihre Position einzig von Franco abhing. Mit einem Regimewechsel wäre ihre Karriere auch als Franco kritisch gegenüberstehenden Regimeangehörigen beendet gewesen.

---

[21] Bernecker, Walter L. 1989: 122f
[22] Balfour, Sebastian/Preston, Paul (Hrsg.) 1999: 220
[23] Preston, Paul 1995: 563
[24] Martin, Claude 1995: 236f

Eine weitere Auswirkung der Ächtung und den damit verbundenen Handelsschwierigkeiten waren die immer wieder auftretenden Versorgungsengpässe, unter denen selbstverständlich die Bevölkerung zu leiden hatte, nicht aber Franco und die Elite seines Regimes.[25]

---

[25] Whitaker, Arthur P. 1961: 261

## 3.1 Die Spanienpolitik der USA

Die Geschichte der Beziehungen zwischen den USA und Spanien nach dem Ende des Zweiten Weltkriegs hilft zu erklären, wieso sich Francos Regime so lange an der Macht gehalten hat.[26] Die Weichen für die direkte Nachkriegspolitik wurden bereits gegen Ende des Krieges gestellt.

Die Angloamerikaner sahen während des Krieges natürlich die Nähe Francos zu den Achsenmächten, und die US-Präsidenten Roosevelt und Truman wurden nicht müde, immer wieder ihre persönliche Verachtung für das Francoregime, besonders aber die Tatsache, mit Hilfe faschistischer Regime an die Macht gekommen zu sein, zu verkünden. Dennoch bestand eine gewisse Dankbarkeit Spanien gegenüber, dass dieses nicht auf Seiten der Achsenmächte in den Krieg eingegriffen hat, auch wenn die Ursache spanischer Neutralität beziehungsweise Nichtkriegführung keine freie Entscheidung Francos war, sondern auf der Tatsache beruhte, dass seit dem Bürgerkrieg die spanische Wirtschaft am Boden lag und ein Eintritt in den Krieg gar nicht durchführbar gewesen wäre.[27]

Die Haltung Francos den Alliierten gegenüber wurde mit jedem Sieg, den sie in Europa errangen, jedenfalls freundlicher und entgegenkommender, und am 5. Dezember 1944 kam es zu einer Unterredung zwischen dem spanischen Außenminister Lequerica und dem US-Botschafter Hayes in Madrid, bei dem Lequerica den USA vorschlug, nach dem Krieg Spanien als Bollwerk in Europa zu betrachten und besonderes Übereinkommen in wirtschaftlichen, politischen und militärischen Fragen zu erlangen. Dies sollte alles im Rahmen der neu zu gründenden internationalen Organisation erfolgen. Außerdem bot sich Spanien als Vermittler zwischen den Vereinigten Staaten und Südamerika an. Angenommen wurden diese Vorschläge von den USA aber nicht[28], und nach dem Ende des Krieges folgte die Verurteilung Spaniens durch Frankreich, Großbritannien und die USA; allerdings hatten die USA dem französischen Vorschlag, die Beziehungen zu Spanien komplett abzubrechen, ihre Unterstützung verweigert.[29] Grundsätzlich wären zu diesem Zeitpunkt die USA dazu zwar bereit gewesen, da sie sehr auf ein geschlossenes Auftreten des Westens bedacht waren und die Stimmung in den USA gegen Franco war, aber auf Druck Großbritanniens, das kein Interesse am gänzlichen Abbruch der Beziehungen zu

---

[26] Balfour, Sebastian/Preston, Paul (Hrsg.) 1999: 229
[27] Balfour, Sebastian/Preston, Paul (Hrsg.) 1999: 229f
[28] Whitaker, Arthur P. 1961: 16ff
[29] Bernecker, Walter L. 1989: 118

Spanien hatte, gingen die USA auf diesen Vorschlag nicht ein.[30] Auch eine direkte Einmischung in innerspanische Angelegenheiten schlossen die USA aus. Sie waren dagegen, die spanische Frage, wie von Frankreich im März 1946 vorgeschlagen, vor dem Sicherheitsrat der Vereinten Nationen zu klären, wenn auch die USA in einer gemeinsamen Note mit Großbritannien und Frankreich vorher deutlich gemacht hatten, dass Spanien erst die volle internationale Akzeptanz und Anerkennung erhalten werde, wenn Franco nicht mehr an der Spitze Spaniens stehe.[31]
Als nach dem gescheiterten französischen Vorstoß Stalin ins Geschehen eingriff und über den Umweg der polnischen UN-Delegation wieder die spanische Frage vor den Sicherheitsrat bringen wollte, waren die USA jedoch kompromissbereiter, eine gemeinsame Position gegenüber Spanien zu finden, da sie keine Konfrontation mit der Sowjetunion eingehen und vor der Welt nicht als Schutzmacht des letzten faschistischen Staates in Europa dastehen wollten. Zu dieser Zeit hatten die USA kein Interesse an einem guten Verhältnis mit Spanien, so dass sie sich auf den polnischen Vorstoß einlassen konnten.[32] Eines der Argumente, mit denen der polnische UN-Delegierte versuchte, die anderen Nationen im Sicherheitsrat der Vereinten Nationen von der Gefährlichkeit Spaniens zu überzeugen, war, dass sich angeblich in Spanien 200.000 modernstbewaffnete Deutsche aufhielten und ein Team von deutschen Wissenschaftlern am Bau einer Atombombe für Spanien arbeite. Obwohl die meisten Nationen im UN-Sicherheitsrat gewusst haben dürften, dass es in Spanien nicht genug Strom gab, um in der Hauptstadt Madrid die Lifte den ganzen Tag in Betrieb zu halten, und die aufgestellten Behauptungen somit als Propagandalügen erkannt haben müssten, schenkten sie dem polnischen Delegierten dennoch Gehör und der Sicherheitsrat kam überein, politischen Druck auf Spanien auszuüben.[33] Wirtschaftliche Sanktionen und eine direkte Intervention in Spanien wurden sowohl von den USA als auch von Großbritannien strikt abgelehnt.[34] Außen- und innenpolitischer Druck war ein wichtiger Aspekt in der Politik der USA Spanien gegenüber. Die meisten westeuropäischen Staaten standen Franco sehr ablehnend gegenüber, allen voran Frankreich, allein wegen Francos Politik mit dem Vichy-Regime. Von den europäischen Verbündeten, aber auch von der eigenen Bevölkerung sahen sich die USA, die zu diesem Zeitpunkt noch wenig Interesse an Spanien hatten, mit der Forderung konfrontiert, gegen Franco etwas zu unternehmen. Für eine Kooperation, wenn auch in

---

[30] Balfour, Sebastian/Preston, Paul (Hrsg.) 1999: 218
[31] Bernecker, Walter L. 1989: 119f
[32] Balfour, Sebastian/Preston, Paul (Hrsg.) 1999: 219
[33] Martin, Claude 1995: 229
[34] Preston, Paul 1995: 575

solch geringem Ausmaß wie während des Krieges, bestand nach dem Kriegsende keine Veranlassung mehr, die Achsenmächte als mögliche Verbündete Francos waren geschlagen. Eine direkte Einmischung in die innerspanischen Angelegenheiten schloss sich aus, da sich die Vereinigten Staaten immer noch der traditionellen nichtinterventionistischen Politik verpflichtet sahen. Die Annahme der Ächtungspolitik Franco gegenüber verfügte über einen sehr starken Rückhalt in der amerikanischen Bevölkerung.[35] Dass die Vereinigten Staaten unter bestimmten Umständen jedoch bereit waren, Franco ohne Vorbehalte zu unterstützen, sagte bereits 1946 der US-amerikanische Außenminister Dean Acheson in einem von ihm verfassten Brief, der in der „New York Times" veröffentlich wurde. Er sagte dass die Ächtung durch die Vereinten Nationen ein Fehler sei und dass Franco mit Spanien zu sehr verbunden sei, als dass man darauf hoffen könne, auf ein neues Spanien ohne ihn zu bauen. Würde Franco freie Wahlen erlauben, Gewerkschaften erlauben, Zollschranken aufheben und den Protestanten freie Religionsausübung auch in der Öffentlichkeit gewähren, wäre er dafür, ihn zu unterstützen. Allerdings war er sich bewusst, dass dies Konflikte mit den westeuropäischen Staaten geben würde, in denen Sozialisten an der Regierung beteiligt waren, denen jegliche Annäherung an Franco noch immer ein Gräuel war.[36]

Während Spanien von der Weltpolitik isoliert war und auch besonders der amerikanische Präsident Truman seine Abneigung Franco gegenüber nicht verbarg, wurde das US-Militär auf Spanien aufmerksam, und es kam zu der Erkenntnis, dass die iberische Halbinsel in einem künftigen europäischen Konflikt von zu großer strategischer Bedeutung sei, um gänzlich ignoriert zu werden: Von Spanien ließ sich der Zugang zum Mittelmeer kontrollieren, es war durch die Pyrenäen vom restlichen europäischen Kontinent durch ein natürliches Hindernis abgetrennt, es hatte seltene Rohstoffe, zum Beispiel Wolfram, das bereits während des Zweiten Weltkrieges eine wichtige Bedeutung hatte, und es besaß eine verhältnismäßig große stehende Armee. Trotz zahlreicher Studien, die das Pentagon der Regierung vorlegte, wurde der militärischen Bedeutung in den ersten Nachkriegsjahren keine Bedeutung geschenkt. Interessant sollten diese Überlegungen erst mit der zunehmenden Verschlechterung des amerikanisch-sowjetischen Verhältnisses werden, nachdem 1947 die Sowjetunion verstärkt aggressiv auftrat und sich die künftige Zweiteilung der Welt in eine US-amerikanische und eine sowjetische Sphäre abzuzeichnen begann.[37] Im gleichen Jahr startete die Marschallplanhilfe für Europa, von der Spanien aber

---

[35] Whitaker, Arthur P. 1961: 24
[36] Martin, Claude 1995: 242
[37] Balfour, Sebastian/Preston, Paul (Hrsg.) 1999: 231f

ausgenommen wurde. Mit dieser für Spanien schwerwiegenden Entscheidung erfüllten die Vereinigten Staaten einen Wunsch Frankreichs und Großbritanniens.[38] Als Bedingung für jegliche Hilfe aus dem Marschallplanprogramm wurde genannt, dass Franco entweder zurücktrete oder fundamentale Änderungen in seinem Regime durchführen werde. Gleichzeitig sahen die USA aber keine Alternative zu Franco, da die Monarchisten wegen der Thronfolge zerstritten waren und die Exilregierung ebenfalls in verschiedene Flügel zerfiel, die jeweils verschiedene politische Meinungen vertraten.

Trotz der nach außen vorgegebenen Ablehnung gegenüber Franco besann sich die US-Regierung bald darauf, die Beziehungen zu Spanien zu verbessern, die Studien des US-Militärs über Spaniens strategische Bedeutung im Hinterkopf. Die USA befanden sich in dem Dilemma, welchem ihrer Grundsätze ihrer Politik sie den größeren Stellenwert einräumen sollten: Entweder der Verbreitung von Freiheit und Demokratie und dem Kampf gegen den Faschismus, was den Sturz Francos bedeutete hätte, oder der Eindämmung des weltweit um sich greifenden Kommunismus, was die Zusammenarbeit mit einem Regime bedeutete, dem der Makel anhaftete, sich erst mit der Hilfe Hitlers und Mussolinis etabliert zu haben.[39]

---

[38] Whitaker, Arthur P. 1961: 25
[39] Balfour, Sebastian/Preston, Paul (Hrsg.) 1999: 221ff

## 3.2 Die Spanienpolitik Großbritanniens

Die britische Politik Spanien gegenüber war nach dem Ende des Zweiten Weltkrieges für Franco von großer Wichtigkeit, da das siegreiche Großbritannien zur wichtigsten europäischen Macht geworden war und es traditionellerweise gute Beziehungen zu den USA unterhielt.

Während des Bürgerkrieges hatte sich Großbritannien zwar aus dem Konflikt herausgehalten, sympathisierte aber mit Franco, da es fürchtete, dass Spanien im Falle eines republikanischen Sieges im Bürgerkrieg kommunistisch würde. Die Aussicht, dass sich nach einem Sieg Francos Spanien auf die Seite seiner faschistischen Helfer schlagen könnte schien da für die britischen Interessen weniger Furcht erregend zu sein.[40]

Außerdem hatte Churchill bei Franco Hoffnungen auf künftige gute Beziehungen geweckt, als er im Mai 1944 als Dank dafür, dass Spanien während der alliierten Invasion in Afrika der Achse nicht noch mehr geholfen hat, verkündet hatte, dass er sehr guten Beziehungen und Handel mit Spanien entgegen sehe.[41]

Am Ende des Krieges gab es aber in der britischen Politiklandschaft verschiedene Vorstellungen, wie nach Kriegsende Franco zu begegnen sei:

Der konservative Premierminister vertrat die Vorstellung, dass in Spanien eine konstitutionelle Monarchie eingesetzt werden sollte. Um diese zu ermöglichen, brauche die Opposition jedoch Zeit sich zu organisieren, und aus diesem Grund schloss er Sanktionen und Interventionen aus. Wirtschaftssanktionen schadeten nur den britischen Wirtschaftsinteressen und würden die Zivilbevölkerung in Spanien treffen. Letztendlich würden aus ideologischen Gründen geführte Interventionen zu einem erneuten innerspanischen Konflikt führen, an dessen Ausgang Spanien kommunistisch werden würde, was nur der Sowjetunion nütze. Er selber würde lieber in Spanien leben als in der Sowjetunion und Francos Diktatur sei nicht grausamer als die Stalins. Für eine Einmischung in innerspanische Angelegenheiten gebe es keine Rechtfertigung.[42]

Die Position des konservativen Außenministers Anthony Eden, der die öffentliche Meinung hinter sich wusste, unterschied sich von der Churchills darin, dass er auf Franco mit politischem Druck einwirken wollte, die Monarchie wiederherzustellen. Für den Fall, dass der Druck nicht ausreiche, schlug er Sanktionen vor.

---

[40] Balfour, Sebastian/Preston, Paul (Hrsg.) 1999: 210
[41] Whitaker, Arthur P. 1961: 17
[42] Balfour, Sebastian/Preston, Paul (Hrsg.) 1999: 211f

Der Oppositionsführer und Labour-Politiker Attlee forderte, dass Großbritannien in Spanien intervenieren und Franco herausdrängen solle. Wirtschaftssanktionen sollten die spanische Wirtschaft zum Erliegen bringen und somit die Wiederherstellung demokratischer Institutionen fördern. Die Begründung für diese resoluten Pläne waren, dass Francos Herrschaft korrupt und tyrannisch sei und nur durch deutsche und italienische Unterstützung während des Bürgerkrieges überhaupt existiere. Außerdem gebe es immer noch eine große Anzahl politischer Gefangener und die Gegner Francos würden willkürlich exekutiert. Ein weiterer Beweggrund für Attlees Bestrebungen mag gewesen sein, dass er die britische Nichteinmischung während des Bürgerkrieges wieder gut machen und somit den spanischen Republikanern die Unterstützung zuteil werden lassen wollte, die Großbritannien ihnen während des Bürgerkrieges nicht gewährt hat.

Attlees Vorschläge wurden von Churchill kritisiert, der ihm vorwarf, nicht zum Wohle Großbritanniens zu handeln, sondern allein ideologisch geleitet zu sein.[43]

Und auch dem Sozialisten Attlee dürfte der Gedanke ein Gräuel gewesen sein, dass womöglich ein kommunistischer Staat, erwachsen aus einem denkbaren neuen Bürgerkrieg nach einer britischen Intervention in Spanien, an die britische Kronkolonie Gibraltar angrenzt.[44]

Es fiel schließlich dem Außenministerium zu, eine künftige Linie Spanien gegenüber zu entwickeln, die sowohl aus politischer, wirtschaftlicher als auch aus strategischer Sicht akzeptabel war. Dabei musste bedacht werden, dass wegen der britischen Kronkolonie Gibraltar London auf eine wohlwollende oder zumindest neutrale Regierung in Madrid angewiesen war.[45]

Eden erarbeitete einen Entwurf, der die zukünftige beziehungsweise die Nachkriegspolitik Großbritanniens gegenüber Spaniens skizzierte und der von den beiden großen Parteien getragen wurde: Francos nichtinterventionistische Haltung während des Krieges wurde erwähnt wie auch mögliche Verwarnungen an Franco angedacht, die auf diplomatischer Ebene vorgebracht werden sollten. Gleichzeitig sollten aber auch die britischen Interessen gewahrt bleiben, nicht zuletzt die der Wirtschaft, da Spanien immer schon ein guter Markt für britische Waren und umgekehrt Lieferant für billige Produkte war. Wirtschaftssanktionen sowie einer spanischen Annäherung an den Kommunismus sollte kein Raum gewährt werden. Letztendlich sollte das Franco-Regime nach der Niederlage der Achsenmächte als eine „bedauerliche Ausnahme" angesehen werden, die in der Welt ein schlechtes Ansehen

---

[43] Balfour, Sebastian/Preston, Paul (Hrsg.) 1999: 211
[44] Martin, Claude 1995: 226
[45] Balfour, Sebastian/Preston, Paul (Hrsg.) 1999: 212

hat. Der Ruf der öffentlichen Meinung nach Sanktionen gegen Spanien würde aber auf kurz oder lang die britischen Interessen in Spanien gefährden, weswegen auf lange Sicht eine Liberalisierung des Regimes unumgänglich schien.[46]

Die Maßnahmen beschränkten sich auf eine Note an Franco, in dem dieser darüber informiert wurde, dass sich die Beziehungen zwischen den beiden Ländern verschlechtern würden, träte er nicht zurück, und dass Spanien aus den neu gegründeten internationalen Organisationen ausgeschlossen bleiben würde. Die von Eden favorisierte Staatsform war die Monarchie, die der von Attlee gewünschten Republik entgegenstand. In dem Brief an Franco wurde als einzige Option jedoch die Monarchie genannt, von der Republik war keine Rede. Der Wechsel von der Francodiktatur zur Monarchie wäre nur mit der Unterstützung der Armee möglich gewesen, die zu der Zeit die mächtigste Institution in Spanien war und auf deren Unterstützung auch Franco angewiesen war. Die Armee repräsentierte aber die Sieger aus dem Bürgerkrieg, die gegen die ihnen verhasste Republik gekämpft hatten, und diese hätten eine Rückkehr zur Republik ohnehin nicht zugelassen.[47]

Franco wusste durch gut informierte Kreise, dass innerhalb der westlichen Welt insbesondere Großbritannien besorgt war, dass eine zu große Destabilisierung Spaniens im Zweifelsfall dessen Wende zum Kommunismus bedeuten würde und es aus diesem Grunde wohl kaum eine Kampagne starten würde mit dem ernsthaften Ziel, die Republik wieder zu errichten. Von Seiten anderer Staaten, die bereits im Bürgerkrieg die Republik unterstützt hatten, wurde das Ergreifen von Sanktionen allerdings in Erwägung gezogen, auch wenn Franco deswegen nie ernsthaft beunruhigt war.[48]

Stattdessen griff er die von Großbritannien geforderte Restauration der Monarchie auf, zeigte Entgegenkommen, um den Druck auf Spanien zu verringern, und erklärte, er sei bereit zurückzutreten und Don Juan als Monarchen Platz zu machen, sobald die Zeit dafür reif sei. Er brauche, Zeit um das katholische Element seines Regimes zu stärken und das faschistische zu schwächen. Letztendlich liege es aber an der internationalen Staatenwelt, die Bedingungen für die Restauration zu schaffen, indem sie den äußeren Druck von Spanien nähmen und somit erst die Grundlagen für einen geordneten Übergang zur Monarchie ermöglichten.

Dennoch regelte Franco 1947 seine Nachfolge, indem er per Volksentscheid über das Gesetz zur „Nachfolge in der Staatsführung" entscheiden ließ. Dieses regelte, dass er die

---

[46] Bernecker, Walter L. 1989: 213
[47] Balfour, Sebastian/Preston, Paul (Hrsg.) 1999: 213f
[48] Bernecker, Walter L. 1989: 214

Staatsführung auf Lebenszeit innehaben sollte und ihm alleine das Recht zustand, seinen Nachfolger, der dann König von Spanien werden würde, zu bestimmen.[49]

Diese Regelung bezog sich aber auf die ferne Zukunft und stellte die britische Forderung nach einer parlamentarischen Demokratie keineswegs zufrieden.

Franco hatte seine Bereitschaft, Großbritannien entgegenzukommen,, bereits am 21. November 1944 in einem Brief an Eden übermittelt, in dem er anbot, gemeinsam mit Großbritannien gegen den Sowjetbolschewismus zu kämpfen, da Deutschland ja bereits am Boden liege und nur noch Spanien und Großbritannien dazu in der Lage seien. Außerdem bat er Großbritannien darum, die Opposition in Spanien nicht länger zu unterstützen, da dies nur dem Bolschewismus den Weg ebne.

In der Antwort dankte Churchill Spanien für die angebotene Zusammenarbeit, erwähnte aber auch alle Punkte, die im Krieg zwischen Großbritannien und Spanien gestanden hatten, und macht deutlich, dass mit dem Regime, so wie es bestand, keine freundlichere Beziehung und engere Kooperation denkbar sei.[50]

Trotz dieser klaren Aussage konnte sich Großbritannien aber nie zu Maßnahmen hinreißen lassen, die den Status Quo in Spanien eventuell hätten gefährden können. Während der Potsdamer Konferenz schlug Stalin eine diplomatische und wirtschaftliche Blockade gegen Franco vor, da dieser eine Bedrohung der internationalen Sicherheit darstelle. Die britische Delegation protestierte gegen diesen Vorschlag heftig, da sie eine Bedrohung des Friedens durch Spanien nicht als gegeben sah. Außerdem würde eine Blockade gegen die UN-Charta verstoßen, da sie eine Einmischung in innerspanische Angelegenheiten darstelle. Letztlich wurde nur ein Communiqué verfasst, das Francos Verbindungen zur Achse missbilligte sowie ihm den Zugang zu den Vereinten Nationen versagte.[51] Auch in der Dreimächteerklärung von Frankreich, den Vereinigten Staaten und Großbritannien im März 1946 wurden keine Konsequenzen für Spanien genannt, außer dass die Wiederaufnahme der vollen diplomatischen und freundschaftlichen Beziehungen zu Spanien an die Wiedereinführung der Demokratie geknüpft sei.[52]

Diese Spanienpolitik wurde auch nach dem Regierungswechsel in Großbritannien beibehalten, war sie doch bereits vorher schon zwischen den Konservativen und der Labourpartei abgestimmt gewesen. Der neue Labour Außenminister Bevin überging den linken Flügel seiner Partei, der weiterhin Sanktionen gegen Francos Regime forderte. Der

---

[49] Bernecker, Walter L. 1989: 68ff
[50] Detwiler, Donald S. 1962: 103

[51] Balfour, Sebastian/Preston, Paul (Hrsg.) 1999: 215f
[52] Bernecker, Walter L. 1989: 119

Ton Spanien gegenüber war allerdings unterkühlt, da man von Außenminister Artajo endlich Handlungen auf dessen Ankündigungen bezüglich der Monarchie wartete. Gleichzeitig wollte man alles vermeiden, was die Position Francos stärken könnte, so zum Beispiel auch den Vorstoß Frankreichs, gemeinsam mit den USA und Großbritannien die Beziehungen zu Spanien abzubrechen. London war besorgt, dass eine Schwächung Francos nur Stalin etwas nützen würde, den Rückhalt Francos beim Volk stärken könnte und die Armee, die einer Restaurierung der Monarchie nicht ablehnend gegenüberstand, weiter auf Francos Seite treiben würde, da sie diesen internationalen Druck nicht hinnehmen würde. Der Vorschlag Frankreichs, die „Spanische Frage" auf die Agenda der Vereinten Nationen zu setzen, wurde ebenfalls abgelehnt, da man befürchtete, dass man in Bezug auf die Einmischung in die inneren Angelegenheiten souveräner Staaten einen Präzedenzfall schaffen würde.[53]

Außerdem widerspreche eine Einmischung den Grundsätzen der britischen Regierung.[54] Dementsprechend versuchte Großbritannien die Beschwerde Polens im Sicherheitsrat im April 1946, dass Spanien eine Bedrohung des Friedens darstelle, zu entkräften, konnte sich aber gegen die Amerikaner nicht durchsetzen und sah ein, dass es unmöglich sei, alleine gegen die Sowjetunion, die hinter dem polnischen Vorstoß stand, anzukommen. So musste sich Großbritannien der US-amerikanischen Politik fügen. Am liebsten wäre es den Briten jedoch gewesen, die spanische Frage gänzlich von der Tagesordnung im Sicherheitsrat zu streichen, und dieser Forderung wollten sich zunächst auch die Amerikaner anschließen, aber sie fürchteten letztlich eine Eskalation mit der Sowjetunion.[55]

Die französischen Vorstöße gegen das Franco-Regime wurden gerade im konservativen Großbritannien mit Skepsis gesehen. Churchill warf Frankreich vor, mit seiner Politik zur Aufrechterhaltung des Regimes beizutragen, indem es sich zu sehr in dessen innere Angelegenheiten einmische, was für das Ziel der Absetzung Francos kontraproduktiv sei. Besser wäre es, die Spanier ihre Angelegenheiten selbst regeln zu lassen, denn dann entwickele sich ein liberales System ganz von selbst.[56]

Letztendlich scheiterte aber auch die britische Politik des Abwartens und Hoffens auf die Monarchie, denn Franko machte nicht die geringsten Anstalten, für Don Juan Platz zu machen, und Großbritannien stand in einem Dilemma: Entweder konnte es nun versuchen, Franco direkt zu destabilisieren, wobei die damit verbundenen Risiken, in erster Linie ein

---

[53] Balfour, Sebastian/Preston, Paul (Hrsg.) 1999: 218
[54] Bernecker, Walter L. 1989: 118
[55] Balfour, Sebastian/Preston, Paul (Hrsg.) 1999: 219
[56] Bernecker, Walter L. 1989: 120

neuerlicher Bürgerkrieg, entschieden britischen Interessen zuwiderliefen. Oder man fand sich mit Francos Regime ab, was aber von der regierenden Labourpartei und den dahinter stehenden mächtigen Gewerkschaften abgelehnt wurde. Man einigte sich schließlich darauf, Maßnahmen zu ergreifen, um einen Wechsel in Spanien zu provozieren, also nichts anderes, als die bisherige (erfolglose) Politik fortzuführen. Außerdem wurden die wirtschaftlichen Beziehungen mit Spanien sowie mögliche Alternativen überprüft, eventuelle UN-Wirtschaftssanktionen im Hinterkopf. Das Ergebnis war jedoch ernüchternd, da es für Großbritannien wirtschaftlich kaum eine Alternative zu Spanien gab.

Ende 1947 sorgte Großbritannien mit den USA vor den Vereinten Nationen dafür, dass die Resolution von 1946 zwar verlängert, aber auch keine schärferen Maßnahmen ergriffen wurden, für die die Sowjetunion eintrat. Wieder einmal hatten die Angloamerikaner Francos Regime vor den von der Sowjetunion geplanten Sanktionen gerettet. Die Tatsache, dass Großbritannien sich wiederholt gegenüber anderen Mächten vor Spanien stellte, nahm Franco mit Genugtuung zur Kenntnis und es bestärkte ihn in seinem bisherigen Kurs.[57]

---

[57] Balfour, Sebastian/Preston, Paul (Hrsg.) 1999: 219ff

## 4. DIE ZEIT DER ANNÄHERUNG

Mit der Zuspitzung des Kalten Krieges änderten sich auch die Beziehungen zwischen den USA sowie Großbritannien und Spanien. Schon während des Krieges hatte Franco sich ins Gespräch gebracht, um gemeinsam mit den USA und Großbritannien gegen den Sowjetkommunismus zu kämpfen, aber während seines Vorstoßes am 21.11.1944 in Form eines Briefes hatte er die Richtigkeit des Zeitpunktes völlig falsch eingeschätzt. Trotz dieser Fehleinschätzung ging er auch während der Ächtung davon aus, dass spätestens mit dem Ausbruch eines Konfliktes zwischen West und Ost die westliche Welt Spanien als Hort des Antikommunismus und der westlichen Werte erkennen würde. Diese Überzeugung wurde bestärkt, als deutlich wurde, dass Großbritannien und die USA gegen sowjetische antispanische Vorstöße nicht opponierten. Bereits auf der Potsdamer Konferenz hatten sich Churchill und Truman allzu harten Maßnahmen gegen Spanien entgegengestellt.[58]

Die internationale Anerkennung des Francoregimes wurde zur vorrangigen Aufgabe der spanischen Außenpolitik, der sich alle anderen außenpolitischen Ziele unterzuordnen hatten; zur Überwindung der Ächtung wurden auch Wirtschaft und Religion vor den „politischen Karren" Francos gespannt.[59] Obwohl Francos Position an der Spitze des Staates gefestigt war, wurde dennoch von Seiten der Diplomaten nach außen immer wieder versichert, dass man in Spanien die Restauration der Monarchie vorbereite, während man insgeheim darauf wartete, dass die weltpolitische Lage für Spanien günstiger werden würde. Innenpolitisch war dieses Jonglieren mit der Monarchie allerdings nicht ganz ungefährlich, da zumindest theoretisch die Möglichkeit bestand, dass Gegner der Monarchie sowohl in der Falange als auch in der Armee gegen Franco putschen könnten, um die Restauration zu verhindern.[60]

Nachdem sich eine Annäherung der USA an Spanien abzeichnete, begann Spanien die Spannungen zwischen den USA und der Sowjetunion im eigenen Interesse auszunutzen und startete eine intensive Lobbyarbeit, die darauf abzielte, die USA in ihrem Weg zu bestärken, gegen die Empfehlungen der UN zu handeln. Die Arbeit der Lobbyisten für ihn ließ sich Franco einiges kosten[61] und er hoffte durch sie, sowohl die antikommunistischen Hardliner als auch die Katholiken auf seine Seite zu bringen. Er empfing wiederholt US-

---

[58] Balfour, Sebastian/Preston, Paul (Hrsg.) 1999: 214ff
[59] Waldmann, Peter/Bernecker, Walther L./ López-Casero, Francisco (Hrsg.) 1984: 266ff
[60] Balfour, Sebastian/Preston, Paul (Hrsg.) 1999: 217
[61] Preston, Paul 1995: 581

amerikanische Politiker zu Gesprächen, unter anderen sogar den Vizepräsidenten Barkley, wobei Franco bei den Treffen sehr darauf achtete, ob, und wenn ja, welche Uniform er trug, um nicht zu sehr militärisch zu wirken.[62] Sie alle kehrten mit einem positiven Eindruck von Franco in die Vereinigten Staaten zurück, nachdem sich dieser mit ihnen über die Niederwerfung des Kommunismus unterhalten, und ihnen die rhetorische Frage gestellt hatte, wie sie es empfinden würden, wenn Spanien eine Marionette der Sowjetunion wäre.[63] Spanische Diplomaten in den USA begannen im Kongress eine pro-spanische Lobby zu formen, zu der sich bald Antikommunisten, Kriegstreiber, Wirtschaftsspekulanten, Katholiken und alle die gesellten, die sich einen politischen Vorteil davon erhofften. Zwischenzeitlich hatten die Lobbyisten einen derart großen Einfluss, dass der Kongress beinahe gegen den Willen des Weißen Hauses die Regierung mit der Bewilligung von Finanzhilfen für Spanien beauftragt hätte.[64] Die Hauptantriebskräfte für eine Annäherung auf Seiten der USA waren nicht das State Department, sondern das Pentagon und die bereits erwähnte spanische Lobby.[65]

Die Kernthemen der spanischen Außenpolitik gegen Ende 1947 waren die Teilhabe an der Marshallplanhilfe, eine mögliche Mitgliedschaft in der kurz vor der Gründung stehenden Nato sowie endlich die Aufhebung der UN-Resolution von 1946, die die Abberufung der Botschafter empfahl. Diese Forderungen wurden von Spanien allerdings nie sehr offensiv vorgetragen, sondern Spanien bediente sich seiner Fürsprecher in der US-Politik. Die Mitgliedschaft Spaniens in der Nato war keineswegs nur ein Wunschtraum, sondern sie war von Anfang an in den Planungen für das Bündnis vorgesehen gewesen, wurde aus politischen Gründen aber erst sehr spät umgesetzt.[66] Der Beginn der Berlinblockade 1948 machte dann sowohl den Amerikanern als auch den Briten noch einmal deutlich, dass es an der Zeit war, über die Beziehungen zu Spanien erneut nachzudenken. Auch innerhalb Spaniens hatte die Berlinblockade Auswirkungen, denn viele Spanier, die Franco im besten Falle neutral gegenüberstanden und den Gedanken an einen Systemwechsel noch nicht aufgegeben hatten, sahen ein, dass der Zeitpunkt schlecht war, um diesen Wechsel herbeizuführen und Spanien dadurch zu destabilisieren.[67]

Der Erfolg für Francos Strategie, dass er bei allen Bemühungen um internationale Anerkennung letztendlich nur warten müsse, bis sich das Verhältnis zwischen den

---

[62] Preston, Paul 1995: 573
[63] Martin, Claude 1995: 237
[64] Balfour, Sebastian/Preston, Paul (Hrsg.) 1999: 233f
[65] Whitaker, Arthur P. 1961: 32
[66] Balfour, Sebastian/Preston, Paul (Hrsg.) 1999: 222ff
[67] Preston, Paul 1995: 577

Vereinigten Staaten und der Sowjetunion verschlechtert - diese Zeit des Wartens wurde des Öfteren als „Gang durch die Wüste"[68] bezeichnet - schien sich dennoch einzustellen.[69]

---

[68] Waldmann, Peter/Bernecker, Walther L./ López-Casero, Francisco (Hrsg.) 1984: 267
[69] Balfour, Sebastian/Preston, Paul (Hrsg.) 1999: 221

## 4.1 Annäherung zwischen den USA und Spanien

Nachdem sich das US-Militär entsprechend über den strategischen Wert Spaniens geäußert hatte, begann man auch in der US-Regierung über eine Annäherung an Spanien nachzudenken. Konkret bedeutete das, dass in einer Studie im August 1947 der US-Generalstab forderte, schnellstens enge militärische Beziehungen mit Spanien aufzunehmen. Auf Grund dieser eindeutigen Haltung des Militärs wurde es von der amerikanischen Regierung als eine Frage des nationalen Interesses bezeichnet, die US-Politik Spanien gegenüber zu ändern. Die bis zu diesem Zeitpunkt geführte Politik der Isolierung Spaniens wurde nicht nur beendet, sondern plötzlich auch scharf kritisiert; die offizielle Begründung für die plötzliche Kehrtwende in der Politik war, dass die bisherige Ächtung Francos ihr Ziel, die Schwächung des Franco-Regimes, nicht erreicht hatte. Der wirkliche Hintergrund war die Verschlechterung des Verhältnisses zwischen den USA und der Sowjetunion und das Sich abzeichnen der bipolaren Weltordnung in der auch die USA auf Verbündete angewiesen sein würden.[70]

Mit der Verkündung der „Truman-Doktrin" im März 1947, die die Politik der Eindämmung des weltweiten Kommunismus durch die USA ankündigte rückte auch Spanien in die Position eines möglichen Bundesgenossen. Vom Francoregime wurde die Truman-Doktrin offiziell mit großer Begeisterung aufgenommen.[71]

Im Rahmen der dritten Vollversammlung der Vereinten Nationen verkündeten die Vereinigten Staaten am 4. Oktober 1948 schließlich den Außenministern von Frankreich und Großbritannien, dass eine Anerkennung Francos für die USA kein Problem mehr darstelle; die Antwort war, dass sowohl in Frankreich als auch in Großbritannien die öffentliche Meinung noch nicht bereit für normale Beziehungen mit Franco-Spanien sei.[72]

Die US-amerikanischen Delegierten bei den Vereinten Nationen wurden angewiesen, alle künftigen Maßnahmen, die sich gegen Spanien richten könnten, zu verhindern. Schnell wurden bisherige Handelshemmnisse abgebaut, Zölle auf viele Exportartikel gesenkt und der private Handel mit Spanien gefördert.[73] Ab Anfang 1948 wurden US-Banken sogar ermutigt, der spanischen Regierung oder spanischen Banken Kredite zu gewähren; die bis

---

[70] Balfour, Sebastian/Preston, Paul (Hrsg.) 1999: 233
[71] Bernecker, Walter L. 1989: 126
[72] Preston, Paul 1995: 583
[73] Balfour, Sebastian/Preston, Paul (Hrsg.) 1999: 233

dahin von der US-Regierung in solchen Fällen aufgebauten Hindernisse gab es nicht mehr.[74]

Mit der Annäherung an Spanien erkannte man in den USA, dass diese von Großbritannien und Frankreich kritisch gesehen werden wurde, weswegen man gleichzeitig versuchte, Spanien zu helfen, seine Beziehungen zu diesen Ländern zu verbessern. Letztendlich aber, als es 1951 soweit war, dass man in den USA darüber nachdachte, dass ein Beitritt Spaniens zur Nato vorteilhaft sein könnte und Frankreich und Großbritannien Kritik an den direkten militärischen Abmachungen zwischen den USA und Spanien übten, wurde diese Kritik schlicht ignoriert. Eine Erklärung den anderen Natostaaten gegenüber, welche Ziele die Vereinigten Staaten mit ihrer Politik anstrebten, gaben sie nicht ab, sondern sie betrieben ihre eigene Interessenpolitik ohne Rücksicht auf die Interessen der anderen Verbündeten.[75]

Bevor es zu dieser recht rücksichtslosen Politik kam, nahm man in den USA aber doch noch eine gewisse Rücksicht auf die Verbündeten jenseits des Atlantiks. Während der Jahre 1948 und 1949 zeichnete sich immer stärker ab, dass die Welt künftig zweigeteilt sein würde, und die USA waren schockiert, dass sich der Kommunismus weltweit weiter ausbreitete, weswegen man in Washington überlegte, wie man Spanien dazu bringen könnte, im Falle eines Krieges mit der Sowjetunion auf Seiten der USA in den Krieg einzugreifen. Die Befürchtung war groß, dass Spanien neutral bleiben, oder aber der Preis für einen Kriegseintritt auf Seiten des Westens zu hoch sein könne, so wie er es im zweiten Weltkrieg für die Achsenmächte gewesen war. Während dieser Überlegungen drängte das Militär darauf, dass die wirtschaftlichen Verbindungen mit Spanien nicht nur gefördert werden, sondern die Vereinigten Staaten auch selber enorme Wirtschaftshilfe an Spanien leisten sollten. Der Grund dafür war einfach: Die spanische Infrastruktur war marode, und wenn das US-Militär diese benutzen wollte, musste sie von Grund auf erneuert werden. 1950 schließlich vergab die US-Export & Import Bank zum ersten Mal seit dem Bürgerkrieg projektbezogene Kredite nach Spanien, wohl auch im Zusammenhang mit dem in diesem Jahr ausgebrochenen Koreakrieg, der wieder deutlich machte, wie wichtig zuverlässige und starke Verbündete für die Vereinigten Staaten waren. Im selben Jahr nahmen die Vereinten Nationen ihre Empfehlung von 1946 zurück und Washington schickte postwendend einen Botschafter nach Madrid. Während des Jahres 1950 kam es zwischen dem Pentagon und dem State Department zu heftigen Diskussionen, da das

---

[74] Bernecker, Walter L. 1989: 125
[75] Balfour, Sebastian/Preston, Paul (Hrsg.) 1999: 234

Außenministerium noch die negativen Auswirkungen einer weiteren Annäherung an Spanien auf die europäischen Verbündeten fürchtete; allen voran Frankreich, das den Verdacht äußerte, die USA wollten im Falle eines sowjetischen Angriffs auf Westeuropa dieses preisgeben und sich auf die iberische Halbinsel hinter die Pyrenäen zurückziehen. Die USA mussten zeigen, dass sie Europa nicht preisgeben wollten, was sie mit dem Hinweis auf die Wiederbewaffnung der Bundesrepublik taten, welche schließlich zur Unterstützung der US-Truppen in Europa durchgeführt worden sei.[76] Truman selbst betone noch 1950, dass er keinen Unterschied zwischen Hitlerdeutschland, Stalins Sowjetunion und Francospanien sehe, da alle drei Staaten Polizeistaaten seien bzw. gewesen sind. Franco selbst begründete die andauernde feindselige Haltung Trumans ihm gegenüber als Notwendigkeit, da Truman die amerikanischen Freimaurer zufrieden stellen müsse.[77] Schließlich wurde 1951 vom Nationalen Sicherheitsrat die neue politische Richtung gegenüber Spanien vorgeschlagen, in deren Zusammenhang es dann zu dem oben beschriebenen rücksichtslosen Verhalten der USA gegenüber Großbritannien und Frankreich kam: Spaniens militärisches Potential sollte ausgebaut und genutzt werden, und dem sollten auch keine politischen oder diplomatischen Überlegungen im Wege stehen. Obwohl Truman in einer Pressekonferenz verkündete, dass er mit der Menschenrechtssituation in Spanien unzufrieden sei, sandte er eine Militär- sowie eine Wirtschaftsdelegation nach Spanien. Seine Überzeugung solle den militärischen Planungen nicht im Weg stehen.[78] Von US-amerikanischer Seite aus gesehen überwogen bei weitem die strategischen Aspekte vor den wirtschaftlichen. Die Vereinigten Staaten waren auf Spanien als Handelspartner nicht angewiesen. Dennoch wurden wirtschaftliche Aspekte in offiziellen Berichten als sehr wichtig dargestellt.[79] Die wirtschaftliche Delegation war wenig erfolgreich, da es nicht gelang, Material zu sammeln das unabhängige und seriöse Daten über die spanische Wirtschaft enthielt, da die amerikanische Delegation keinen Moment aus den Augen gelassen wurde und sie unter dem Einfluss des Instituto Nacional de Industria stand, einer staatlichen Gesellschaft.

Die militärische Delegation war dagegen sehr erfolgreich, sie wurde von General Sherman geleitet, der jedoch während der Gespräche verstarb. Sherman war Befehlshaber des US-Mittelmeergeschwaders und hatte Franco bereits während eines Privatbesuches in Madrid im Februar 1948 kennen gelernt.[80] Sein Verdienst war es aber, freundschaftliche

---

[76] Balfour, Sebastian/Preston, Paul (Hrsg.) 1999: 234f
[77] Preston, Paul 1995: 597f
[78] Balfour, Sebastian/Preston, Paul (Hrsg.) 1999: 235
[79] Bernecker, Walter L. 1989: 126
[80] Martin, Claude 1995: 238

Beziehungen mit Franco und seinem Generalstabschef General Juan Vigón hergestellt und erste Sondierungsgespräche mit ihnen geführt zu haben. Zwischenzeitlich spekulierte die Presse, dass es nur wenige Monate dauern könnte, bis es zu einem Vertragsabschluss käme, aber Shermans Tod verzögerte die Gespräche ein wenig. Dennoch wurden bald zwei Spezialistenteams nach Spanien geschickt, die die Standorte für eventuelle zukünftige US-Stützpunkte in Spanien auskundschaften sollten.[81] Obwohl es zunächst so aussah, als ob eine Vertragsunterzeichnung unmittelbar bevorstand, verzögerte sich die Unterzeichnung der Madrider Verträge bis 1953.

Aber nicht nur die Vereinigten Staaten wirkten auf eine gegenseitige Annäherung hin, auch von Spaniens Seite aus war man bemüht, das Verhältnis zu verbessern. Franco selbst setzte sich für dieses Ziel ein. Im Juli 1947 hatte er bereits einem Korrespondenten des International News Service ein Interview gegeben, in dem er verkündete, dass Spanien die bessere Bastion des Westens sein werde als Frankreich, das nicht in der Lage sei, sein eigenes Territorium gegen angreifende sowjetische Panzerarmeen zu verteidigen, und dass die Vereinigten Staaten bei entsprechenden Bemühungen spanische Militärbasen benutzen dürften. Vor spanischen Militärs pries er zeitgleich die spanische Tapferkeit und verkündete großspurig, dass die Spanier mit Guerillataktik jedem Angreifer und der Atombombe trotzen würden.[82] 1948 gab er ein Interview für die New York Times, in dem er sich ähnlich äußerte, jedoch ohne erneut auf die Nutzung spanischer Basen einzugehen. Es wurde deutlich, dass Franco eine bilaterale Partnerschaft mit den USA anstrebte, da ihm diese eine Beteiligung an den Finanzmitteln der Marshallplanhilfe in Aussicht stellte. Gleichzeitig betonte er mit dem Werben um die USA, dass ein westliches Bündnis gebraucht werde, um die sowjetische Bedrohung zu bekämpfen, das ohne Spanien nicht auskäme. Kurz nach dem Times- Interview sprach ein Vertreter des spanischen Außenministeriums erneut die Frage der Basen in der US-amerikanischen Botschaft in Madrid an und stellte Militärbasen auf den Kanaren und den Balearen sowie auf dem spanischen Festland in Aussicht. Auf dieses Angebot gingen die Amerikaner aber nicht näher ein und bis zum Ausbruch des Koreakrieges geschah nichts weiter, um die Annäherung zwischen den beiden Staaten weiter voranzutreiben.[83] Während die Interviews in den USA und in anderen westlichen Staaten in voller Länge veröffentlicht wurden, wurden vor der Veröffentlichung in Spanien diverse Passagen herausgenommen, die eventuell Unmut hätten hervorrufen können. Da die Spanier bis in die fünfziger Jahre von

---
[81] Balfour, Sebastian/Preston, Paul (Hrsg.) 1999: 235
[82] Preston, Paul 1995: 581f
[83] Whitaker, Arthur P. 1961: 36

jeglicher Information von Außen abgeschnitten waren, bestand keine Gefahr, dass die kompletten Interviews in Spanien bekannt werden könnten. Im Streben um die Anerkennung der Vereinigten Staaten schreckte Franco auch nicht davor zurück, Spanien im Vergleich mit Großbritannien als den zuverlässigeren Bundesgenossen für die USA zu bezeichnen, da er schließlich nicht nur den Kommunismus verdamme, sondern den Sozialismus als gleichermaßen böse ansehe, was einen Seitenhieb auf die britische Labourregierung darstellte.[84]

Im Angesicht des Stellvertreterkrieges, der nun in Ostasien geführt wurde, und der Angst, dass ein großer, weltweiter Konflikt unmittelbar bevorstand, sah man es dann als überholt an, Spanien immer noch nicht mit voller Anerkennung entgegenzutreten, da doch die wahre Gefahr in den Augen der Amerikaner woanders herrühre.[85]

Man muss bedenken, dass alle diese Annäherungen noch keinesfalls Ausdruck eines besonders innigen Verhältnisses zwischen Spanien und den Vereinigten Staaten waren, vielmehr führten diese erst zu einem normalen Verhältnis und normalen Handelsbeziehungen, wie sie zwischen den meisten Staaten üblich sind.[86]

---

[84] Preston, Paul 1995: 584ff
[85] Martin, Claude 1995: 242
[86] Whitaker, Arthur P. 1961: 37

## 4.2 Annäherung zwischen Großbritannien und Spanien

Nicht nur in den USA, sondern auch im Vereinigten Königreich begann man mit dem Sichabzeichnen des Kalten Krieges über die bisherige Politik Spanien gegenüber nachzudenken; in Großbritannien spielten allerdings auch wirtschaftliche Aspekte dabei eine große Rolle, denn Großbritannien brauchte Spanien als Handelspartner und Absatzmarkt für seine Produkte. Im März 1947 wurde ein britisch-spanisches Handelsabkommen unterzeichnet, das es Spanien ermöglichte, große Mengen von dringend benötigten Produkten zu importieren. Aber auch Großbritannien hatte an diesem Abkommen großes Interesse.[87] Gleichzeitig war man sich bewusst, dass es in Spanien keine ernsthafte Alternative zu Franco gab und dieser fest im Sattel saß. Zu diesem Zeitpunkt verfasste der Chargé d´Affaires einen Bericht, in dem er dem „wilden und extravaganten Volk" der Spanier die Fähigkeit zur Demokratie absprach und behauptete, dass dieses auf jeden Fall eine starke Hand brauche, die es führe, ob die nun das Militär, die Polizei oder was auch immer sei. Aus diesem Grund, der keinen Platz für eine Alternative zu Franco ließe, sowie aus wirtschaftlichen und strategischen Gründen solle die Einstellung zu Spanien trotz aller ideologischen Bedenken geändert werden und zwar möglichst schnell, solange dies noch mit Anstand ginge, als wenn man irgendwann durch geänderte Umstände dazu gezwungen werden würde. Der britische Verteidigungsminister Alexander griff diese Vorstellung in einem Brief an Außenminister Bevin auf; zunächst wies er aber in diesem darauf hin, dass die Integration Spaniens in neue Verteidigungsbündnisse aus politischen Gründen unmöglich sei, aber dennoch über eine Annäherung an Spanien nachgedacht werden müsse, da die streng antikommunistische Haltung Spaniens, seine strategische Lage und die Größe seiner Armee die Annäherung empfehlenswert machten, von der schließlich alle Beteiligten profitieren würden. Im Oktober 1947 berichtete der britische Delegierte bei der Organisation für wirtschaftliche Zusammenarbeit dem Außenministerium, dass die Mehrheit der Delegierten dafür sei, auch Spanien Hilfe aus dem Marshallplanprogramm zukommen zu lassen, da ein Land von der Größe, der Bevölkerung und dem Potential nicht einfach vollkommen ignoriert werden könne. Die Forderungen nach Annäherung brachten Bevin in Bedrängnis, da er zwar die Nachteile seiner Isolationspolitik erkannte, diese aber nicht aufgeben konnte. Eine Politik, die auch nur den Anschein gehabt hätte, francofreundlich zu sein, konnte er im Parlament nicht vertreten, da hier eine Mehrheit aus Labourabgeordneten und Gewerkschaftsangehörigen saß, die traditionell francofeindlich

---

[87] Bernecker, Walter L. 1989: 125

eingestellt war. Außerdem sollte die politische Nachkriegsordnung in Europa durch und durch demokratisch sein, und diesen Anspruch wollte Bevin nicht aufgeben, so dass er die alte Politik Spanien gegenüber zunächst verteidigte. Allerdings wurde die britische Position dadurch immer schwieriger, da die Amerikaner dabei waren, die Isolation Spaniens zu beenden, und selbst Frankreich seine Grenzen zu Spanien wieder geöffnet hatte.[88] Dennoch verhinderte Großbritannien mit Frankreich und anderen europäischen Staaten gemeinsam, dass Spanien Mittel aus dem Marshallplan bekam. Der US-Kongress hatte sich bereits mit großer Mehrheit dafür ausgesprochen, dass auch Spanien bedacht würde, wogegen dann allerdings Truman wegen seiner persönlichen Abneigung gegen Francos Regime, aber auch wegen des britischen Protests, sein Veto einlegte.[89] Großbritannien sah in der vom US-Kongress befürworteten Einbeziehung Spaniens in die Marshallplanhilfe die neue demokratische europäische Grundordnung in Gefahr, außerdem wäre diese politisch nicht zu vermitteln gewesen. Nicht zuletzt sah man in der britischen Regierung, dass ein Einbeziehen Spaniens in die Marschallplanhilfe die öffentliche Meinung in Bezug auf die USA stark negativ beeinflusst hätte, man fürchtete sogar, dass weite Teile der westeuropäischen Bevölkerung in den Chor der sowjetischen Propaganda einstimmen würden, dass die Politik der Vereinigten Staaten reaktionär sei und ein faschistisches Regime stütze.[90]

Letztendlich setzte sich aber auch in Großbritannien in weiteren Kreisen die Überzeugung durch, dass sich an der Spanienpolitik etwas ändern müsse. Sie war das Resultat einer längst überholten internationalen Konstellation, deren Zweck es war, gemeinsam den Faschismus zu bekämpfen und den Krieg zu gewinnen. Nach der Erklärung des Kalten Krieges im Jahr 1947 gelangte man mehr und mehr zu der Überzeugung, dass Francos Regime nicht diktatorischer sei als Stalins in Moskau und sein Verhalten den Achsenmächten gegenüber nicht anders zu bewerten sei, als nun das sowjetische Verhalten seinen osteuropäischen Satellitenstaaten gegenüber. Mit dem Ostblock diplomatische Beziehungen zu unterhalten und gleichzeitig Spanien zu isolieren, wurde nun als Widerspruch angesehen.

Es entwickelten sich politische Gruppen, die eine Änderung der Spanienpolitik forderten; während diese Überzeugung anfänglich eher in konservativen und antikommunistischen Kreisen vertreten war, traten nach und nach auch Linke und Angehörige der Labourpartei für einen Politikwechsel ein.

---

[88] Balfour, Sebastian/Preston, Paul (Hrsg.) 1999: 221f
[89] Martin, Claude 1995: 238
[90] Balfour, Sebastian/Preston, Paul (Hrsg.) 1999: 223

Prominente Vertreter der Konservativen, so auch der ehemalige Premierminister Churchill, machten sich dafür stark, endlich wieder einen Botschafter nach Madrid zu entsenden, da es als nicht hinnehmbar empfunden wurde, einen Botschafter in Moskau aber keinen in Madrid zu haben. Churchill sprach sich allerdings nie direkt für Franco aus sondern immer für Spanien.[91] Auch der Beitritt Spaniens zur Nato wurde von den Konservativen propagiert, da Spanien einen sehr hohen strategischen Wert habe. Innerhalb der die Regierung stellenden Labourpartei machten sich zwei Abgeordnete dafür stark, die Beziehungen zu Spanien zu normalisieren. Sie verlangten vom Kabinett, zu einem normalen Verhältnis zu Spanien zurückzukehren, und forderten die Aufnahme Spaniens in die 1949 gegründete NATO, da mit der Aufnahme Portugals das Argument, dass nur demokratische Staaten aufgenommen würden, hinfällig sei und man außerdem im Angesicht eines drohenden dritten Weltkrieges bei der Auswahl seiner Verbündeten nicht so wählerisch sein solle. Auch große Zeitungen wie die Times und der Daily Telegraph stimmten in die Forderungen mit ein.[92] Mit dem Argument, dass auch die Sowjetunion Mitglied bei in den Vereinten Nationen sei, forderte Churchill Ende 1948 auch die Aufnahme Spaniens in die Staatengemeinschaft[93], und im Unterhaus forderten die Konservativen, endlich volle diplomatische Beziehungen mit einem Botschafter in Madrid aufzunehmen. Dieser Forderung stand die Labourregierung 1950 jedoch noch ablehnend gegenüber, da sich Francos Verhalten nicht geändert habe. Im Gegenzug war Franco, und somit auch die spanische Presse, nicht gut auf Großbritannien zu sprechen, wobei er keinen Unterschied zwischen den Konservativen und der Labourpartei machte. Gibraltar blieb ein Dauerreizthema für beide Seiten, und durch Erschwernisse des Grenzüberganges zwischen der Kronkolonie und Spanien tat Franco nichts dazu, dies zu ändern. In der spanischen Presse wurde der „britisch-sozialistische Imperialismus" mit dem „sowjetisch kommunistischen Imperialismus" gleichgestellt.[94]

Mit dem Ausbruch des Koreakrieges wandte man sich schließlich auch in Großbritannien ganz von der Isolationspolitik gegenüber Spanien ab. Im Vergleich mit Spaniens strategischem Wert erschien die Isolation Spaniens nun nicht mehr angemessen, zumal viele davon ausgingen, dass ein bewaffneter Konflikt mit der Sowjetunion kurz bevorstand und diesen siegreich zu beenden oberste Priorität hatte.[95]

---

[91] Martin, Claude 1995:225
[92] Balfour, Sebastian/Preston, Paul (Hrsg.) 1999: 224f
[93] Bernecker, Walter L. 1989: 126
[94] Preston, Paul 1995: 597ff
[95] Balfour, Sebastian/Preston, Paul (Hrsg.) 1999: 225

Nachdem die Vereinten Nationen ihre Empfehlung von 1946, nämlich die Botschafter aus Madrid abzuziehen, zurückgenommen hatten, schickte auch Großbritannien wieder einen Botschafter nach Spanien.[96] Bereits beim Abzug der Botschafter hatte es in der britischen Politiklandschaft kritische Stimmen gegeben, die befürchtet hatten, dass der Abzug der Botschafter Franco letztendlich nicht schwächen würde, und die sich nun bestätigt sahen.[97] Trotz des Endes der internationalen Isolation Spaniens änderte sich am direkten Verhältnis zwischen Spanien und Großbritannien nichts. Die wirtschaftlichen Beziehungen entwickelten sich zwar für beide Seiten zufriedenstellend, aber auf politischer Ebene blieb das Verhältnis angespannt. In Großbritannien sah man es als Manko an, dass man es nicht geschafft hatte, den Weg für die Restauration der Monarchie in Spanien zu ebnen, Franco selber sah in Großbritannien für lange Zeit den Schuldigen für die lange Isolation seines Landes und die schlechte Meinung, die die Weltöffentlichkeit noch immer von seinem Regime hatte. Ein weiterer Streitpunkt zwischen beiden Ländern blieb die britische Kronkolonie Gibraltar, deren Rückgabe an Spanien Franco immer wieder forderte und für die er auch vor antibritischen Kampagnen nicht zurückschreckte. Auch die Ablehnung Großbritanniens, dass Spanien Mitglied in politischen Organisationen würde, sorgte lange für ein unterkühltes politisches Verhältnis zwischen den beiden Nationen.[98]

---

[96] Balfour, Sebastian/Preston, Paul (Hrsg.) 1999: 234
[97] Balfour, Sebastian/Preston, Paul (Hrsg.) 1999: 219
[98] Balfour, Sebastian/Preston, Paul (Hrsg.) 1999: 226

# 5. DIE KONSOLIDIERUNG DER ZWISCHENSTAATLICHEN BEZIEHUNGEN

Nachdem sich die Beziehungen zwischen Spanien und den Vereinigten Staaten langsam normalisiert hatten, zwischen Spanien und Großbritannien halbwegs normale, wenn auch unterkühlte Beziehungen bestanden und im Jahre 1950 die Botschafter der meisten Staaten wieder zurückkehrten[99], war Spanien zumindest im Westen wieder akzeptiert und es galt nicht mehr als Überbleibsel der besiegten faschistischen Regime In Deutschland und Italien. Dennoch bestanden immer noch Vorbehalte, so dass Frankreich und Großbritannien eine Aufnahme Spaniens in die Nato verhinderten.[100] Ebenso hatten sich Frankreich und Großbritannien in der Abstimmung in der Vollversammlung der Vereinten Nationen, bei der der Entschluss gefasst wurde, wieder Botschafter nach Madrid zu entsenden, enthalten, während die Vereinigten Staaten für den Entschluss gestimmt hatten. Die ursprüngliche Präambel der Resolution von 1946 wurde im Übrigen nicht abgeändert.[101] Und formell war Spanien immer noch nicht in die Staatengemeinschaft eingebunden. Es war weder Mitglied der Vereinten Nationen noch der Nato, wurde jedoch im Januar 1953 Mitglied in der UNESCO. Bis zu dieser allerletzten internationalen Annerkennung sollte es noch Jahre dauern, doch mit dem Abschluss der Madrider Verträge im Jahr 1953 war Spanien endgültig vom Geächteten zum Partner geworden. Schrittmacher dieser Entwicklung waren die Vereinigten Staaten gewesen, und die meisten westeuropäischen Staaten folgten, wenn auch viele nicht aus Überzeugung und mit reinem Gewissen, sondern mehr aus Notwendigkeit und Gefolgschaft zu den USA. Ende 1953 hatten auch die wichtigsten westeuropäischen Staaten wieder wirtschafliche und militärische Zusammenarbeit mit Spanien aufgenommen[102]

Die Unterzeichnung der Verträge und die Wiedererlangung der internationalen Anerkennung wurde innerhalb Spaniens mit großem Jubel begrüßt.[103]

---

[99] Waldmann, Peter/Bernecker, Walther L./ López-Casero, Francisco (Hrsg.) 1984: 266f
[100] Bernecker, Walter L. 1989: 129
[101] Preston, Paul 1995: 600
[102] Balfour, Sebastian/Preston, Paul (Hrsg.) 1999: 238
[103] Whitaker, Arthur P. 1961: 43

## 5.1 Die Madrider Verträge zwischen den USA und Spanien 1953

Nachdem der strategische Nutzen Spaniens schon früh erkannt worden war, wollte man in den Vereinigten Staaten von diesem auch profitieren und mit Spanien entsprechende Abkommen schließen. Allererste Gespräche zwischen den zuständigen amerikanischen und spanischen Stellen hatte es bereits 1948 gegeben, worauf der Radiosender der republikanischen Exilregierung meldete, dass die USA und Spanien ein militärisches Geheimabkommen abschließen wollten.[104]

Dringlich wurde die Forderung nach amerikanischen Stützpunkten in Spanien nach dem Ausbruch des Koreakrieges und der damit in den USA als gestiegen empfundenen Bedrohung durch die Sowjetunion. Zwar hatten die Vereinigten Staaten bereits in Französisch-Marokko Stützpunkte errichtet, aber man traute den instabilen französischen Verhältnissen nicht. Auf Spanien schien man sich eher verlassen zu können, da es zum einen auf umfangreiche Wirtschaftshilfen angewiesen war und außerdem das Francoregime streng antikommunistisch eingestellt war.

Wirklich konkret wurden die Beratungen über Stützpunkte in Spanien aber erst ab 1951. Die Vorgespräche begannen mit der bereits beschriebenen Reise Generals Sherman nach Spanien und der darauf folgenden militärischen und wirtschaftlichen Delegation. Die Erkenntnisse der Delegationen stellten das Fundament dar, auf dem die Verträge erarbeitet wurden. Der Grundgedanke hinter den Stützpunkten in Spanien war, dass die Pyrenäen eine natürliche, einfach zu verteidigende Grenze zum Rest des europäischen Kontinentes darstellten, was die iberische Halbinsel zu einem idealen Brückenkopf machte, von dem aus im Falle einer sowjetischen Invasion in Europa der Kontinent zurückerobert werden sollte. Die hohe Bedeutung, die der iberischen Halbinsel von den Amerikanern zugewiesen wurde, macht die bereits erwähnten Sorgen der Franzosen verständlich, dass sich die Amerikaner im Falle eines Konfliktes erstmal ganz vom Kontinent hinter die Pyrenäen zurückziehen könnten. Von vornherein stand bei den US-amerikanischen Militärs fest, dass Spanien in erster Linie für See und Luftbasen interessant sein würde. Neben mehreren kleineren Basen sollte es auch eine Heimatbasis für die sechste US-Flotte geben, die in der nähe von Cadiz geplant war.[105] Die sechste US-Flotte kreuzte im Mittelmeer und war von hoher strategischer Wichtigkeit. Von den Luftwaffenstützpunkten sollten Operationen gegen die Sowjetunion unterstützt werden, wobei die Stützpunkte selber außer der Reichweite der

---

[104] Bernecker, Walter L. 1989: 128
[105] Whitaker, Arthur P. 1961: 38f

Roten Armee geblieben wären, wäre es zu einer sowjetischen Invasion in Europa gekommen. Wegen des schlechten Zustandes der vorhandenen Anlagen sollten diese nicht erneuert, sondern alles komplett neu gebaut werden, wobei man aus logistischen Gründen die meisten Stützpunkte in der Nähe von Ballungsräumen plante. Die davon ausgehende Gefahr für die spanische Zivilbevölkerung im Falle eines Konfliktes, da dann auch die Ballungsräume sowjetischen Luftangriffen ausgesetzt sein würden, wurde innerhalb der Planungsgruppe zwar gesehen, aber für nicht schwerwiegend genug erachtet, als dass deswegen neue Standorte für die Basen gesucht werden sollten. Geführt wurden die weiterführenden Verhandlungen wieder von zwei Teams, die zu diesem Zweck nach Spanien reisten. Die wichtigere militärische Delegation stand unter der Leitung von General A.W. Kissner, die wirtschaftliche Delegation wurde von George Train angeführt, in ihr arbeiteten auch einige Beamte des Außenministeriums mit. Auf der spanischen Seite standen ihnen General Juan Vigón als Vorsitzender des militärischen Teams und der Wirtschaftsminister Manuel Arburúa als Vorsitzender des Wirtschaftsteams gegenüber. Die folgenden Verhandlungen sollten sich über 18 Monate erstrecken, nämlich von den ersten Vorbesprechungen im Juli 1951 bis zur Unterzeichnung im September 1953.[106] Für die lange Dauer der Verhandlungen gab es verschiedene Gründe, einer war Franco, der versuchte, möglichst gute Bedingungen für Spanien auszuhandeln. Überhaupt hatte sich das Verhalten Francos gewandelt. Während der letzten Phase des zweiten Weltkrieges und in der Zeit danach bis zum Beginn des Koreakrieges war er es gewesen, der unbedingt die internationale Anerkennung hatte erlangen wollen und der als Bittsteller aufgetreten war. Als Franco aber merkte, wie groß das Interesse der Vereinigten Staaten an den überseeischen Stützpunkten in Spanien war und es endlich zu ernsthaften Verhandlungen kam, drehte er „den Spieß um" und legte an Stelle der Begierde eine gewisse Reserviertheit an den Tag, um Washington zum Bittsteller zu machen.[107] Vermutlich hat Franco aber nur nach außen hin die Taktik geändert, sein Interesse am Bündnis mit den USA und an der internationalen Anerkennung war nicht geschrumpft. Wie wichtig ihm die Vertragsabschlüsse waren, zeigen die großen Zugeständnisse, die er letztendlich an die Amerikaner machte. Diese Zugeständnisse sind auch ein großer Kritikpunkt. Viele Kritiker werfen Franco vor, die Anerkennung Spaniens mit dem Verlust der Souveränität erkauft zu haben.[108]

---

[106] Balfour, Sebastian/Preston, Paul (Hrsg.) 1999: 236
[107] Whitaker, Arthur P. 1961: 38
[108] Balfour, Sebastian/Preston, Paul (Hrsg.) 1999: 229

Die Verhandlungen, waren allerdings auch innerhalb der Vereinigten Staaten nicht unumstritten. Es gab eine starke, aber unorganisierte Opposition gegen die Verhandlungen allerdings war sie nicht so stark, dass der Kongress sich sorgen musste. Der ehemalige spanische Außenminister und seit 1950 Botschafter in den USA, José Félix de Lequerica, der 1944 als erster die Idee der Annäherung an die USA aufgebracht hatte, und mit ihm die spanische Lobby hatten die Mehrheit des Kongresses auf die spanische Seite gebracht. Bereits Ende 1950 hatten beide Häuser gegen den Willen von Präsident Truman ein Hilfspaket über 62,5 Millionen US-Dollar auf den Weg gebracht, das über die nächsten vier Jahre an Spanien ausgezahlt wurde. Auch bei den Verbündeten der Vereinigten Staaten in Europa riefen die laufenden Verhandlungen Kritik hervor, am stärksten in Großbritannien. Aber auch Frankreich kritisierte das amerikanische Vorgehen, da es eine Verschiebung der Machtverhältnisse im Mittelmeerraum zu seinen Ungunsten befürchtete.[109]

Über eine Opposition innerhalb Spaniens zu den Plänen können nur Vermutungen angestellt werden, da wegen nicht herrschender Redefreiheit, vor allem aber wegen der Pressezensur nur die Regierungsmeinung propagiert wurde und so nichts über Gegenstimmen öffentlich berichtet wurde. Dass verschiedenste Lager aber mit den Verhandlungen unzufrieden waren, davon ist auszugehen. Gerade auch bei den Anhängern Franco dürften die Vorbereitungen für die Abkommen unbeliebt gewesen sein. Den Nationalisten war die Genehmigung an eine fremde Macht, auf spanischem Boden Stützpunkte zu bauen und ihre Soldaten zu stationieren, ein Gräuel. Traditionalisten sahen Spaniens Politik der Neutralität und Isolation verletzt, und den fundamentalistischen Katholiken, der stärksten der drei Gruppen, war es ein Dorn im Auge, dass mit Protestanten verhandelt wurde. Der Kardinal von Sevilla prangerte öffentlich den „Ausverkauf" des spanischen katholischen Gewissens gegen „häretische Dollars" an. Auch wenn die drei genannten Gruppen nicht homogen waren, hatten sie doch eine gemeinsame Schnittmenge und Franco konnte sie nicht ignorieren. Das könnte ein Grund dafür gewesen sein, dass Franco die Unterschrift unter das Abkommen mit den USA so lange herauszögerte, von den anderen Verzögerungen abgesehen, bis er im August 1953 das Konkordat mit dem Vatikan erfolgreich abgeschlossen hatte und somit die fundamentalistischen Katholiken seine Politik nicht mehr kritisieren konnten, die er nun quasi mit päpstlichem Segen führen konnte. Die Widerstände gegen die Unterzeichnung des Abkommens wurden auch indirekt von der Regierung als Grund angegeben, warum es bis zur endgültigen Ratifizierung so lange dauere: Die öffentliche Meinung in beiden Ländern hätte erst auf das Abkommen

---

[109] Whitaker, Arthur P. 1961: 39f

vorbereitet werden müssen, was durchaus so verstanden werden kann, dass Widerstände gegen das Abkommen erst aus dem Weg geräumt werden mussten. Als weitere Gründe nannte der spanische Außenminister Martín Artajo Erfolge gewisser Länder, gemeint waren Frankreich und Großbritannien, die seit dem Ende des Krieges eine antispanische Politik machten. Außerdem Differenzen zu den USA, die Stützpunkte der Art errichten wollten, dass diese nicht der Hoheit des jeweiligen Staates unterstehen, während Spanien auf gemeinsame Stützpunkte unter spanischem Kommando und spanischer Flagge bestand.[110] In den gleichen Zusammenhang passen auch öffentliche Erklärungen Francos im Jahr 1952, in denen er nicht müde wurde zu betonen, dass die Form des ausgearbeiteten Abkommens die Souveränität Spaniens in keinster Weise beeinträchtige. Bei den gleichen Anlässen äußerte er sich außerdem, dass sein Regime nicht gegenüber den politischen Systemen anderer Staaten in der Defensive sei und sich keinesfalls der „anorganischen Demokratie" annähere, sondern Spanien weiterhin seinen eigenen Weg gehe.[111] Neben nichtöffentlicher Kritik gab es aber auch sehr viel Zustimmung zu dem Abkommen, dessen Schluss bei vielen Spaniern Stolz, nun ein Bundesgenosse der Vereinigten Staaten zu sein, und Hoffnung auf eine bessere Zukunft hervorrief. Sogar unter francokritischen Intellektuellen herrschte ein wenig Freude über die erfolgreich abgeschlossenen Verträge vor, da sie hofften, sie würden sich liberalisierend auf die Regierung und das ganze politische System auswirken. Von Exilspaniern wurde in den USA die Kritik daran angebracht, dass die Vereinigten Staaten das Abkommen geschlossen hätten, obwohl sie wussten, dass das spanische Volk keinerlei Einfluss auf den Abschluss gehabt habe. Eine loyale Erfüllung der Verträge sei im Falle eines Systemwechsels in Spanien nicht zu garantieren, da sich dann die Nation dagegen wehren würde, Vereinbarungen einzuhalten, die geschlossen worden sind, während sich das Volk selbst nicht wehren konnte.[112]

Auch wenn die von spanischer Seite genannten Gründe für die Verzögerungen bis zur Unterzeichnung wohl nicht gänzlich falsch sind, lassen sie einen wichtigen Aspekt außer Acht, nämlich, dass Truman und sein Außenminister Acheson persönlich immer noch Abneigungen gegen Franco und sein Regime hegten und somit die Verhandlungen keineswegs wohlwollend beeinflussten und damit beschleunigten. Allerdings hatte Truman General Sherman bereits 1951 kurz vor dessen Abreise nach Spanien erklärt, dass seine persönliche Abneigung gegenüber Franco hinter den strategischen Überlegungen des US-Militärs zurückzustehen hätte. Eine Ursache für die persönliche Abneigung, die auf

---

[110] Whitaker, Arthur P. 1961: 41f
[111] Bernecker, Walter L. 1989: 130
[112] Whitaker, Arthur P. 1961: 50ff

Gegenseitigkeit beruhte, war die mangelnde Religionsfreiheit für Protestanten in Spanien, für die Truman Franco persönlich verantwortlich machte, im Gegenzug war Trumans Mitgliedschaft bei den Freimaurern Franco ein Dorn im Auge.[113] Auch die Präsidentschaftswahlen 1952 und der damit verbundene Regierungswechsel verzögerten die Gespräche. Nachdem Präsident Eisenhower und der neue Außenminister John Foster Dulles aber ihre Amtsgeschäfte aufgenommen hatten, wurde die Sache auf amerikanischer Seite mit neuem Elan angegangen. Nicht unbedeutend war in diesem Zusammenhang der Unterstaatssekretär Walter Bedell Smith, der ein erfahrener Militärplaner war und den strategischen Wert Spaniens weitaus höher einschätzte, als sein Vorgänger und entsprechend auch zu größeren Konzessionen Spanien gegenüber bereit war.[114] Dennoch gingen die Gespräche auch unter der neuen Regierung nicht immer zielstrebig voran, sie standen sogar zwischenzeitlich kurz vor einem Abbruch, weil keine Einigung zustande kam.

Die 18 Monte, in denen verhandelt wurde, lassen sich in drei verschiedene Phasen unterteilen:[115]

In der ersten Phase von April bis Dezember 1952 machten sich die beiden beteiligten Parteien zunächst mit den Wünschen und Forderungen der anderen Seite vertraut. Die Vereinigten Staaten strebten mehrere Luftwaffenstützpunkte an, und zwar in Torrejon, nahe Madrid in Südspanien und in der Nähe von Zaragoza, sowie den bereits erwähnten Marinestützpunkt für die sechste US-Flotte in der Nähe von Cadiz. Im Gegenzug für die Gewährung der Stützpunkte wollten die USA Spanien wirtschaftliche und militärische Hilfe gewähren. Spanien war zwar bereit, wollte von den Vereinigten Staaten aber eine Garantie dafür, dass im Falle eines sowjetischen Angriffes auf Spanien genügend und entsprechend bewaffnete und ausgerüstete Truppen unter spanischem Befehl stünden, um den Angriff abzuwehren; diese Garantie hätte bedeutet, dass die USA die spanische Armee quasi hätten runderneuern müssen, um sie zu einer modernen Armee zu machen, da die spanische Armee zwar zahlenmäßig sehr stark war, ihre Waffen und Ausrüstungen aber völlig veraltet waren. Dieser Neuaufbau hätte aber auch für die Vereinigten Staaten eine enorme Belastung bedeutet. Die spanische Alternativforderung war, dass die Vereinigten Staaten in einem Vertrag die Verteidigung Spaniens gegen einen Angriff garantierten. Diese Alternative wurde von der US-Regierung bevorzugt und Ende 1952 sah es so aus, als ob die Ratifizierung des Abkommens kurz bevor stünde, als Franco plötzlich schon

---

[113] Preston, Paul 1995: 612f
[114] Whitaker, Arthur P. 1961: 42
[115] Balfour, Sebastian/Preston, Paul (Hrsg.) 1999: 236

gemachte Zusagen zurückzog und erweiterte Forderungen aufstellte. Er verknüpfte die amerikanische Nutzung von Stützpunkten auf spanischem Boden mit der zeitgemäßen Ausrüstung der spanischen Armee durch die Amerikaner, um eine unabhängige Verteidigung gewährleisten zu können. Dieses Konzept wurde bald unter der Bezeichnung „parallel development" bekannt, nämlich dem gleichzeitigen Ausbau von US-amerikanischen Stützpunkten einerseits und der Modernisierung der spanischen Verteidigung andererseits. Eine weitere Forderung, die Franco aufstellte war, dass er den USA die Nutzung der Basen im Kriegsfall nur nach vorheriger Konsultation zugestehen wollte.[116]

Dieser Rückschlag in den Verhandlungen markierte den Beginn der zweiten Phase, die bis Juni 1953 andauerte. Während dieses halben Jahres bewegte sich keine Seite und wollte irgendwelche Zugeständnisse machen, und die Hauptbeschäftigung bestand aus gegenseitigen diplomatischen Bluffs. Zwischenzeitlich sah es sogar so aus, als würden die Gespräche ohne ein Ergebnis abgebrochen. In der dritten und letzten Phase der Verhandlungen bis zur Ratifizierung des Abkommens bemühten sich dann sowohl Spanien als auch die Vereinigten Staaten, einen für beide Seiten annehmbaren Kompromiss zu finden. Die USA gingen zwar nicht auf die Forderung ein, die spanische Armee rundherum zu erneuern, gaben aber eine Garantie ab, Spanien gegen jede angreifende Macht zu verteidigen. Auf den amerikanischen Stützpunkten sollte dauerhaft US-Militär stationiert sein dürfen, um deren Verteidigung im Angriffsfall gewährleisten zu können und ihre Infrastruktur dauerhaft einsatzbereit zu halten. Für die Stationierung von US-Truppen in Spanien war allerdings eine Genehmigung des Kongresses erforderlich. Die Vereinigten Staaten sagten der spanischen Regierung außerdem zu, sie vor jedem Kriegseinsatz von einem amerikanischen Stützpunkt auf spanischem Boden aus zu konsultieren. Eine Ausnahme stellte nur ein direkter sowjetischer Angriff auf Europa dar. In diesem Falle durften die USA die Stützpunkte unmittelbar für den Gegenschlag nutzen, da es im Falle eines Nuklearkrieges auf jede Minute angekommen wäre. Eine Konsultation der spanischen Regierung wäre nicht notwendig gewesen, die Regierung wäre allein über den Einsatz informiert worden. Neben diesen Übereinkünften gab es noch ein geheimes Zusatzprotokoll zu dem Abkommen, das Spanien im Falle eines Konfliktes das Recht zugestand, neutral zu bleiben. Auch wenn es fraglich ist, ob im Falle eines dritten Weltkrieges Spanien tatsächlich hätte neutral bleiben können, sogar ohne das Abkommen mit den USA, war das

---

[116] Balfour, Sebastian/Preston, Paul (Hrsg.) 1999: 237

geheime Zusatzprotokoll sehr im Sinne von Francos Regime, da es ihm das Gefühl vermittelte, im Bereich der Außenpolitik vollkommen souverän handeln zu können.[117]

Am 26. September 1953 unterzeichneten beide Seiten schließlich drei Abkommen, die so genannten „Madrider Verträge" sowie das zugehörige Geheimabkommen. Für die Vereinigten Staaten unterzeichnete der Botschafter in Madrid, James C. Dunn, für Spanien der Außenminister Alberto Martín Artajo. Da die Übereinkünfte in den USA nicht die Rechtsform eines Vertrages, sondern nur von Abkommen hatten, bedurften sie nicht der Ratifizierung durch den Senat;[118] Franco legte die Verträge den Cortes, dem Scheinparlament, zur Ratifizierung vor.[119] Die drei Verträge beinhalteten den Bau und die Nutzung von Militärstützpunkten durch die USA in Spanien, amerikanische Wirtschaftshilfe an Spanien und militärische Materialhilfe, wobei der Vertrag über die Nutzung der Stützpunkte für die Dauer von zehn Jahren abgeschlossen wurde, die automatisch um zwei weitere Perioden von je fünf Jahren verlängert würde, wenn nicht eine Regierung Einspruch erhob. Die anderen Verträge wurden über keinen bestimmten Zeitraum abgeschlossen, eine Kündigung bei Bedarf wurde aber vorgesehen.[120]

Trotz der abgeschlossenen Verträge zog sich der Bau der Stützpunkte bis Ende der fünfziger Jahre hin, die Opposition im Kongress und die negative öffentliche Meinung solch immens teuren Projekten gegenüber verzögerten den Bau.

In den folgenden Jahren erhielt Spanien 600 Millionen US-Dollar Militärhilfe und 500 Millionen US-Dollar Wirtschaftshilfe. Mit den Madrider Verträgen war Spanien international wieder voll anerkannt (Mitglied der Vereinten Nationen wurde Spanien jedoch erst 1955, in der Nato sogar erst 1982). Das Francoregime wurde durch das Abkommen gestärkt und es half, dass dieses weitere 22 Jahre an der Macht bleiben konnte. Gleichzeitig markierte es aber auch das Ende des abgeschotteten Nationalstaates. Spanien selber profitierte stark von den Verträgen, vor allem von der geleisteten Wirtschaftshilfe, die dazu führte, dass die spanische Wirtschaft sich endgültig von den Schäden des spanischen Bürgerkrieges erholen konnte.[121]

Trotz der sich einstellenden positiven Auswirkungen der Verträge, die natürlich in erster Linie auf die Wirtschaftshilfe zurückzuführen waren, gab es auch weiterhin Kritik an dem Abkommen, in erster Linie an den militärischen Vereinbarungen. Der Hauptkritikpunkt war, dass die Stationierung von Kampfflugzeugen und U-Booten für die Verteidigung des

---

[117] Balfour, Sebastian/Preston, Paul (Hrsg.) 1999:
[118] Whitaker, Arthur P. 1961: 44
[119] Bernecker, Walter L. 1989: 134
[120] Whitaker, Arthur P. 1961: 45
[121] Balfour, Sebastian/Preston, Paul (Hrsg.) 1999: 237

spanischen Territoriums gar keinen Wert habe und die von den Amerikanern zugesagte Unterstützung im Kriegsfalle zum einen von der Bewilligung durch den Kongress abhänge und zum anderen im Vertrag von Verpflichtungen und Prioritäten abhängig gemacht wurde, die sich aus der internationalen Lage für die Vereinigten Staaten ergeben und somit eine wirkliche Verteidigungsgarantie nicht gegeben sei.[122]

---

[122] Bernecker, Walter L. 1989: 134

## 5.2 Das Verhältnis zwischen Großbritannien und Spanien im Schatten der Madrider Verträge

Während in den Vereinigten Staaten von Amerika das Hauptaugenmerk zwischen 1951 und 1953 darauf gerichtet war, den neuen Ton in den amerikanisch-spanischen Beziehungen durch Abkommen zu festigen und letztendlich daraus ein Bündnis zwischen Spanien und den USA zu formen, und nachdem nach dem Regierungswechsel von Truman zu Eisenhower im Jahr 1952 die gesamte Führungsspitze geschlossen hinter den Verhandlungen stand, im Gegenteil zu großen Teilen der Bevölkerung, sah es im Vereinigten Königreich, immerhin der engste Verbündete der Vereinigten Staaten, ganz anders aus. Zwar wurden die Madrider Verträge von keinem der europäischen Verbündeten der USA begrüßt, aber am größten waren die Vorbehalte in Großbritannien, was umso erstaunlicher ist, als dass Großbritannien sich wie beschrieben zu Beginn der Ächtung wiederholt gegen eine allzu harte Behandlung Spaniens gewandt hatte. Dies allerdings, wie ebenfalls bereits erwähnt, in erster Linie aus Eigennutz, da es auf Spanien als Handelspartner angewiesen war, anders als die Vereinigten Staaten. Die britische pro-spanische Haltung beschränkte sich aber im Großen und Ganzen darauf, eben diesen wichtigen Handelspartner nicht zu verlieren. An einer politischen Aufwertung Spaniens hatte in Großbritannien niemand Interesse, zumal zu Begin der Verhandlungen im Jahr 1951 immer noch die seit 1945 amtierende Labourregierung im Amt war. Die Verschiebung der Werte innerhalb der demokratischen US-Regierung, weg vom Kampf gegen den Faschismus und gegen Francos autoritäres Regime mit immerhin faschistischen Wurzeln hin zum Kampf gegen den Kommunismus und damit zum Bündnis mit einem früheren Gegner hatte die regierende Labourpartei nicht mit vollzogen. Diese hatte sich ihre traditionell antifrankistische Haltung bewahrt und hielt diese auch vor den Vereinigten Staaten nicht verborgen. Am 25. Juli 1951, kurz nach General Shermans Reise nach Spanien, hielt der britische Außenminister im Unterhaus eine Rede, in der er von einem offenen Austausch der Ansichten mit Washington berichtete. In diesem brachte die britische Regierung zum Ausdruck, dass sie den politischen Schaden, der für die westliche Staatenwelt aus einem Bündnis mit Spanien entstehen würde, weitaus höher einschätzt als die strategischen Vorteile, die das Bündnis bringt. Ebenso wie Frankreich, das eine Komplizierung der Situation in Nordafrika und letztlich eine Minderung seines Einflusses fürchtete, fürchtete man auch in Großbritannien, dass mit der amerikanischen Militärpräsenz in Spanien, vor allem mit der dortigen festen Stationierung der 6. US-Flotte, die bisherige Kontrolle des Mittelmeeres und seiner Zufahrt von Großbritannien auf die Vereinigten Staaten übergehen würde. Diese Vorbehalte wurden von der britischen Presse aufgegriffen und weiterverbreitet, indem sie den USA vorwarf, eine Mittelmeermacht werden zu wollen und dass der neue Stützpunkt für die 6. Flotte eine direkte Konkurrenz zu den britischen Mittelmeerstützpunkten in Gibraltar und Malta werden solle. Die „Times of London" betonte, dass der Schwerpunkt der neu zu errichtenden US-Stützpunkte auf der Marinebasis liege.[123] Mit dieser Einschätzung stand die Zeitung allerdings alleine da, jedoch verfehlte diese nicht ihre Wirkung, indem sie dafür sorgte, dass Großbritannien sich in seinem Stolz und Selbstverständnis als traditionelle Seemacht verletzt fühlte.

Im Oktober 1951 kam es in Großbritannien zu einem Regierungswechsel und der konservative Winston Churchill übernahm wieder das Amt des Premierministers, die kritische Haltung dem amerikanisch-spanischen Abkommen gegenüber blieb aber bestehen. Zwar war gerade Churchill gegenüber Franco sehr wohlwollend eingestellt, hatte er doch mehrmals bemängelt, dass Großbritannien sowie die anderen westlichen Staaten einerseits einen Botschafter bei Stalin in Moskau akkreditiert hätten, in Madrid jedoch nicht. Aber gerade auch die Angst vor dem Verlust von Einfluss im Mittelmeer wirkte in konservativen Kreisen stark, womöglich noch schwerwiegender als im Labourmillieu. Mit dem Regierungswechsel von Labour zur Konservativen Partei wurde Großbritannien aus Francos Sicht jedoch wieder ein möglicher Verhandlungspartner für die Aufnahme besserer Beziehungen, denn während der Regierungszeit der Labourpartei hatte Franco wenig Hoffnungen auf eine Verbesserung der zwischenstaatlichen Beziehungen gehabt.[124]

Letztendlich übernahm aber auch Großbritannien Spanien gegenüber den Kurs der Vereinigten Staaten. Nach dem Abschluss der Madrider Verträge nahm auch Großbritannien und mit ihm Frankreich, die junge Bundesrepublik Deutschland und Italien die militärische Zusammenarbeit mit Spanien auf.[125]

Franco selbst sah es als persönlichen Triumph gegenüber den europäischen Staaten an, dass er, den sie versucht hatten abzusetzen sowie sein Land aus allen internationalen Organisationen herauszuhalten, durch die Verträge mit den Vereinigten Staaten quasi „geadelt" wurde und nun auch seine europäischen Widersacher die Kooperation mit ihm suchten.[126]

---

[123] Whitaker, Arthur P. 1961: 40ff
[124] Preston, Paul 1995: 585
[125] Balfour, Sebastian/Preston, Paul (Hrsg.) 1999: 238
[126] Whitaker, Arthur P. 1961: 53

# 6. ZUSAMMENFASSUNG / SCHLUSS

Den Titel „Vom Geächteten zum Partner" für die vorliegende Hausarbeit habe ich gewählt, um schon in der Überschrift aufzuzeigen, wie gewaltig der Wandel war, den die Vereinigten Staaten und Großbritannien, aber auch die meisten anderen, dem westlichen Block angehörenden Staaten, nach 1945 im Verhältnis zu Spanien durchmachten. Ein weiterer Titel hätte auch lauten können „Franco-Spanien nach 1945 – vom Saulus zum Paulus". Diese, zugegebenermaßen blumige Formulierung, verdeutlicht mit Hilfe einer geläufigen Redewendung den Richtungswechsel in der Spanienpolitik der Briten und US-amerikaner um 180 Grad. Im Bezug auf Spanien hinkt dieser Vergleich allerdings ein wenig, da ja, wie geschildert, keinesfalls eine umfassende Läuterung Francos zur neuen Anerkennung Spaniens führte. Generell ist es zweifelhaft, ob Franco während seiner gesamten Herrschaft seine totalitär, faschistisch und christlich-konservativ geprägte Denkweise ablegte. Zwar wurde er zu den wenigen, scheindemokratischen Zugeständnissen nicht gezwungen, aber vermutlich hat er sie weniger aus Überzeugung als aus politischem Kalkül durchgeführt. Und über „Kosmetik" am bestehenden System kamen diese Änderungen auch nicht hinaus.

Aber Franco hatte ein Gespür dafür, was ihm international positiv angerechnet werden würde, und das nutzte er. Auch mit seiner Einschätzung, dass er nur auf einen Konflikt zwischen den USA und der UdSSR warten musste, um Westbindung zu erlangen, lag er richtig. Letztendlich erreichte er auf diesem Wege die Westbindung sogar viel schneller, als er das selber erwartet hatte. Dabei war allerdings auch viel Glück für Franco im Spiel. Auch, dass er nicht mit Hitler und Mussolini von der Weltbühne verschwand, beruhte nicht nur auf Francos Kalkül, sondern auf für ihn glückliche Umstände. Für Franco war auch der beginnende Kalte Krieg ein Glücksfall, denn nur aus diesen veränderten politischen Verhältnissen heraus war eine Annäherung der westlichen Welt an Spanien möglich. Der zweite „Glücksfall" für Franco war dann der Koreakrieg, der die USA und Großbritannien endgültig von der strategischen Bedeutung Spaniens überzeugte. Diese Situation war für die westlichen Demokratien ein Dilemma, denn die Haltung Franco gegenüber hatte sich grundsätzlich nicht verändert, musste aber hinter der neuen weltpolitischen Situation zurückstehen. Das machte erschreckend deutlich, wie sehr auch die Außenpolitik eines der damals beiden mächtigsten Staaten nicht von Idealen, sondern von strategischen Überlegungen geleitet wurde. Dass trotz dieser vernunftgeleiteten Überlegungen die Annäherung nur schleppend voranging, lässt sich zum Teil auch auf persönliche

Animositäten zurückführen: Auf amerikanischer Seite war Franco bei Truman verhasst, der US-Präsident hegte nicht nur eine Abneigung gegen Francos System, sondern auch gegen ihn persönlich. Franco wiederum war jeder suspekt, der auch nur den geringsten Anschein erweckte, Kommunist, Protestant oder Freimaurer zu sein. Und Truman war aktiver Freimaurer.

Letztendlich überwogen aber auf beiden Seiten strategische und auf der Seite Spaniens auch wirtschaftliche Überlegungen. Die Rolle der spanischen Lobby in den USA und der amerikanischen Katholiken dabei darf nicht unterschätzt werden.

Für die Vereinigten Staaten war die Hilfe Spaniens in einem etwaigen künftigen Krieg schwerwiegender als die faschistische Herkunft Francos. Und auch Franco wollte die Verträge unbedingt, was eine Aussage von ihm im Vorfeld der Vertragsunterzeichnungen verdeutlicht: „Wenn wir nicht bekommen, was wir wollen, unterschreiben wir letztendlich alles, wir brauchen die Verträge!"[127]

Ob die Madrider Verträge am Ausgang eines dritten Weltkrieges letztendlich etwas geändert hätten, lässt sich nicht sagen, und zum Glück mussten die Stützpunkte ihre Bedeutung für einen solchen Konflikt nie unter Beweis stellen.

Für Franco und sein System waren sie ein Glücksfall. Die Wirtschaft wurde angekurbelt und Franco saß für lange Zeit fest im Sattel, protegiert von einer Weltmacht. Für die Vereinigten Staaten waren die Verträge eine Notwendigkeit, und im Angesicht eines Krieges mit der Sowjetunion war der Pakt mit einem Diktator mit faschistischer Vergangenheit das kleinere Übel. Das gleiche gilt für Großbritannien, das sich auch eher widerwillig an die politische Lage anpasste, aber dennoch nach Abschluss der Madrider Verträge gleichfalls militärische Zusammenarbeit mit Spanien begann. Die Bedenken gegen die Verträge zielten allerdings weniger darauf ab, dass die USA mit einem Diktator paktierten, als dass Großbritannien um seine eigene Position im Mittelmeer besorgt war.

Mitglied in der UNO wurde Spanien schließlich 1955, aber trotz der Anerkennung Spaniens sollte es noch bis zum Ende der Francoherrschaft dauern, bis Spanien 1982 Mitglied in der Nato und 1986 Mitglied in der EG wurde.

Seit 1953 war Franco im Westen zwar anerkannt, aber geliebt wurde er nicht.

---

[127] PRESTON, PAUL 1995: 523

# 7 LITERATURVERZEICHNIS

Balfour, Sebastian/Preston, Paul (Hrsg.) 1999:
Spain and the great powers in the twentieth century
London; New York: Routledge


Bernecker, Walter L. 1989:
Spanien 1939-1953. Faschismus, Autarkie, Repression
Kurseinheit 1: Staat und Politik
Hagen: Fernuniversität in Hagen, Fachbereich Kultur- und Sozialwissenschaften


Bernecker, Walther L. 1984:
Spaniens Geschichte seit dem Bürgerkrieg
2., neubearbeitete und erweiterte Auflage 1988.
München: C.H. Becksche Verlagsbuchhandlung (Oscar Beck)


Carr, Raymond 1980:
Modern Spain. 1875-1980
Oxford: Oxford University Press


Collado, Seiler, Carlos 2001:
Angst vor dem „Vierten Reich". Die Alliierten und die Ausschaltung des deutschen Einflusses in Spanien 1944-1958
Paderborn: Verlag Ferdinand Schöningh GmbH


Detwiler, Donald S. 1962:
Hitler, Franco und Gibraltar. Die Frage des spanischen Eintritts in den zweiten Weltkrieg
Veröffentlichungen des Instituts für europäische Geschichte Mainz, Band 27
Wiesbaden: Franz Steiner Verlag GmbH


Martin, Claude 1995:
Franco: eine Biographie
Graz: Leopold Stocker Verlag


Preston, Paul 1995:
Franco. A Biography
London: Fontana Press


Ruhl, Klaus-Jörg 1975:
Spanien im Zweiten Weltkrieg. Franco, die Falange und das „Dritte Reich"
Hamburg: Hoffmann und Campe Verlag

Waldmann, Peter/Bernecker, Walther L./ López-Casero, Francisco (Hrsg.) 1984:
Sozialer Wandel und Herrschaft im Spanien Francos
Paderborn; München; Wien; Zürich: Ferdinand Schöningh


Whitaker, Arthur P. 1961:
Spain and the defense of the west
Published 1962 New York: Frederick A. Praeger, Inc.